Basic Home Sewing

KIREI NI NUU TAME NO KISO NO KISO by Yoshiko Mizuno
Copyright © Yoshiko Mizuno 2009
All rights reserved.
Originally Japanese edition published by EDUCATIONAL FOUNDATION BUNKA
GAKUEN BUNKA PUBLISHING BUREAU.

This Korean language edition is published by arrangement with
EDUCATIONAL FOUNDATION BUNKA GAKUEN BUNKA PUBLISHING BUREAU, Tokyo
in care of Tuttle-Mori Agency, Inc., Tokyo through EntersKorea Co., Ltd., Seoul.

이 책의 한국어판 저작권은 (주)엔터스코리아를 통한 일본의 EDUCATIONAL FOUNDATION BUNKA
GAKUEN BUNKA PUBLISHING BUREAU.와의 독점 계약으로 싸이프레스가 소유합니다.
신 저작권법에 의하여 한국 내에서 보호를 받는 저작물이므로 무단전재와 무단복제를 금합니다.

초보자를 위한 홈 소잉 기초 교과서!

쉽게 배우는 재봉틀

미즈노 요시코 지음 | 김수연 옮김

Basic Home Sewing

깔끔하게 재봉하려면 어떻게 해야 할까요?
첫째, 원단이 상하지 않도록 박고 뜯기를 반복하지 않아야 합니다.
둘째, 많이 만들고 연습해서 손에 감각을 익혀야 합니다.
이 책은 집에서 재봉을 할 때 필요한 기본적인 재봉법을
풍부한 사진과 함께 상세하게 설명하고 있습니다.
이제 대충 재봉했다가 몇 번이고 다시 뜯어가며 재봉하지 말고,
과정을 하나하나 파악하고 익혀가면서 재봉해보세요.
기초를 완벽하게 다지고 나면
그 후부터는 손에 익힌 감각으로
더욱 원활하고 깔끔하게 재봉할 수 있습니다.
조급해하지 말고 천천히 홈 소잉을 즐기면서
멋진 작품을 만들어보기 바랍니다.

Basic Home Sewing Start!

Contents

■ 원단의 겉면

Part 1
다림질하기

도구 …… 14
다림질 요령 …… 15
다리미 온도
원단 올 바로잡기
원단 올 바로잡기 & 구김 제거 다림질
재봉 중의 다림질
접착심 붙이는 법 …… 18
접착테이프 붙이는 법 …… 19

Part 2
재봉 준비물

도구 …… 24
기초 재봉법 …… 25
원단&실&바늘 …… 27
얇은 원단
보통 두께의 원단
두꺼운 원단
특수소재
니트 소재
스티치를 할 경우

Part 3
재봉하기

시침핀 꽂기 …… 36
시침핀 꽂는 법

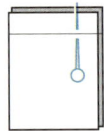 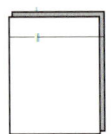

시침질하기 …… 38
시침질 방법

머신으로 재봉하기 …… 42
되돌아박기

원하는 땀폭으로 재봉하기 …… 44
침판 위의 가이드라인

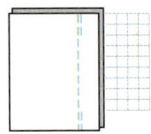

테이프 붙이기

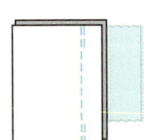

마그네틱 가이드라이너

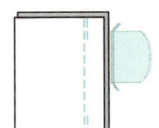

솔기 안내

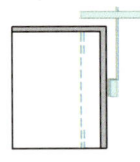

종이자

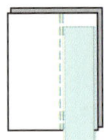

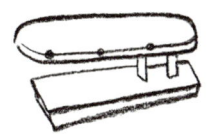

시접 가르기 & 시접 모아 꺾기 ······ 46

재돋선 정돈하기

시접 가르기

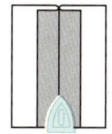 

시접 모아 꺾기

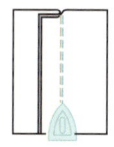 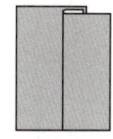

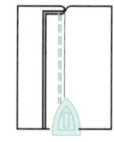 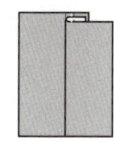

원통형 시접 가르기 & 시접 모아 꺾기

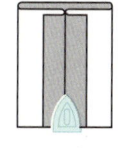 

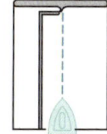 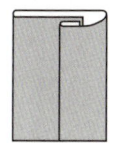

Part 4
박아서 뒤집기

박아서 뒤집기 ······ 54

맞추어 뒤집기

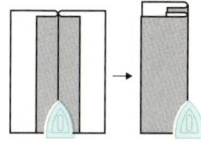

어긋나게 뒤집기

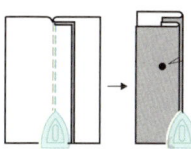

모서리 ······ 55

볼록한 모서리를 박아서 뒤집기

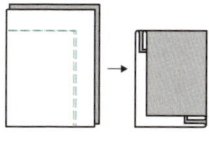

뾰족한 모서리를 박아서 뒤집기

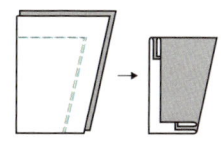

오목한 모서리를 박아서 뒤집기

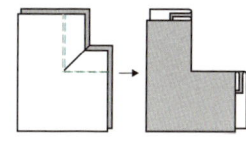

모서리 절개선 ······ 62

볼록한 모서리와 오목한 모서리 합봉하기

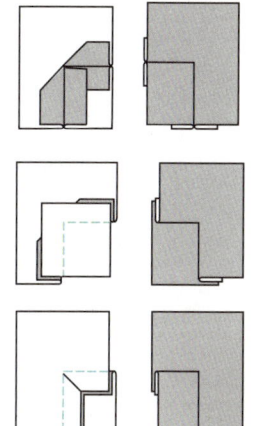

모서리와 직선 ······ 66
모서리와 직선 합봉하기

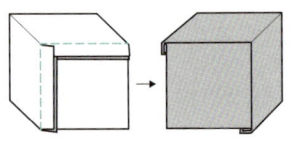

곡선(◠) ······ 68
볼록한 곡선을 박아서 뒤집기

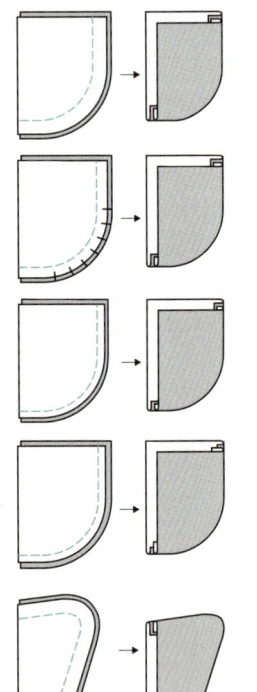

곡선(◡) ······ 76
오목한 곡선을 박아서 뒤집기

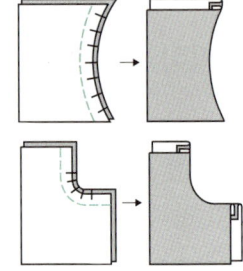

곡선 절개선 ······ 78
볼록한 곡선과 오목한 곡선 합봉하기

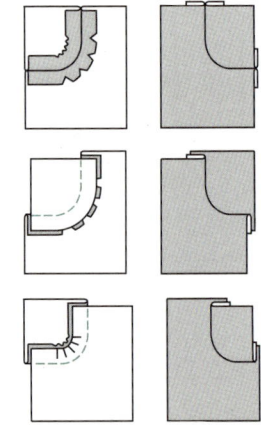

곡선과 직선 ······ 83
원통형 바닥을 박아서 뒤집기

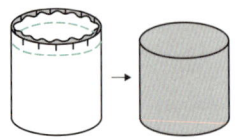

Part 5
시접 및 접단 처리

지그재그 재봉 ······ 88
원단 안쪽에 할 경우

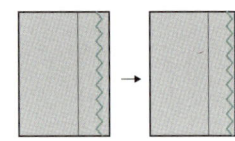

원단의 재단선에 할 경우

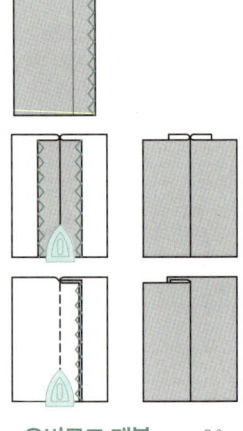

오버로크 재봉 ······ 90

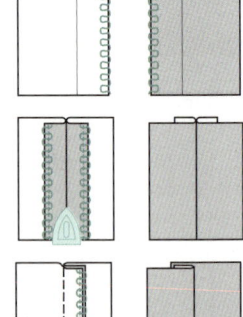

시침박기 …… 92

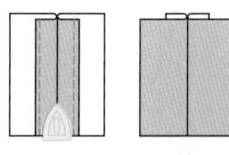

끝단박기 …… 93

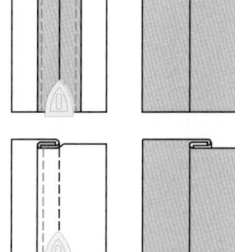

뉨솔 …… 95

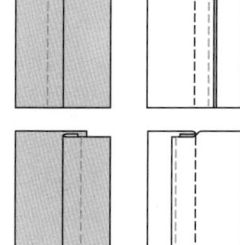

쌈솔 …… 96

쌈솔

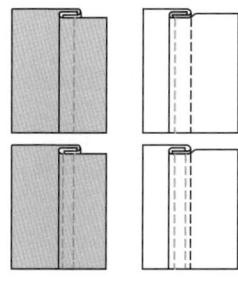

접어박기 가름솔

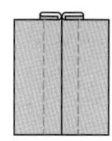 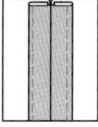

통솔 …… 98

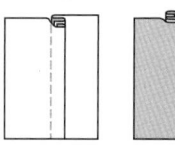

접어박기 …… 99

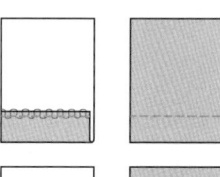

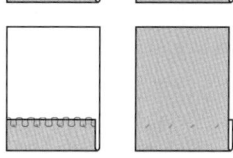

두 번 접어박기 …… 102

같은 너비로 두 번 접어박기

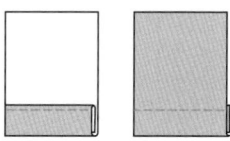

폭을 넓게 하여 두 번 접어박기

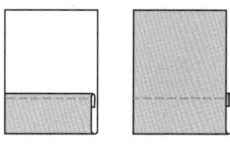

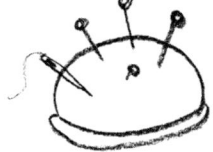

Part 6 단 처리

직선의 단 처리 ······ 106
바이어스 테이프의 양쪽을 접어 달기

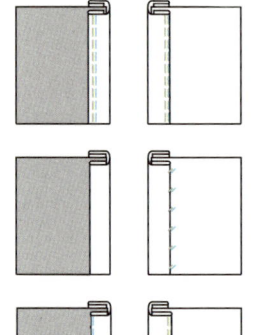

바이어스 테이프의 안쪽을 접지 않고 달기

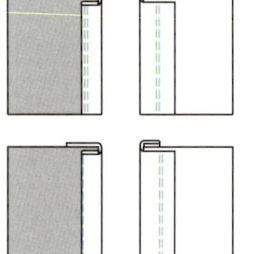

곡선의 단 처리 ······ 110
볼록한 곡선

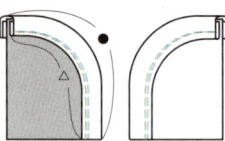

오목한 곡선

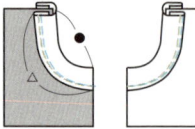

바이어스 테이프 ······ 112
양쪽을 접은 바이어스 테이프 만들기

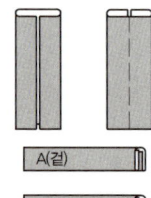

A(겉)

B(겉)

바이어스 메이커로 만들기

단 겹쳐잇기 ······ 116

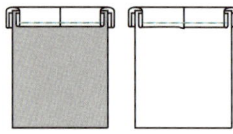

말아박기 ······ 117
말아박기

말아박기 후 겹쳐잇기

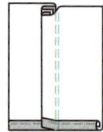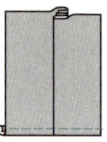

액자식 단 처리 ······ 119
접어박기

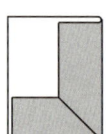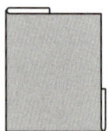

두 번 접어박기

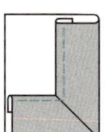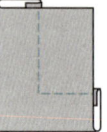

Part 7 부분 재봉

안단 ······ 124
덧단 사용하기

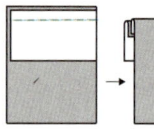

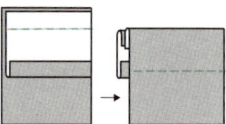

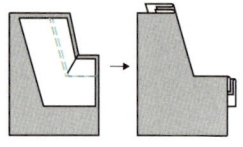

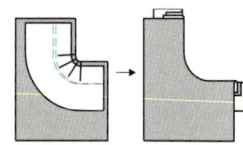

테이프 사용하기

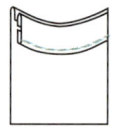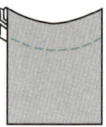

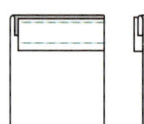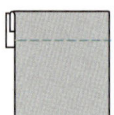

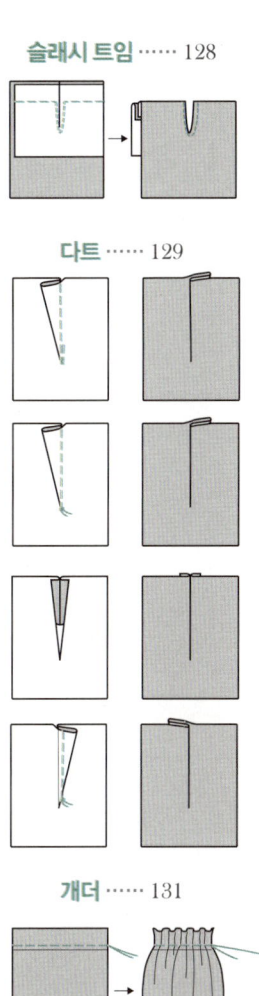

슬래시 트임 …… 128

다트 …… 129

개더 …… 131

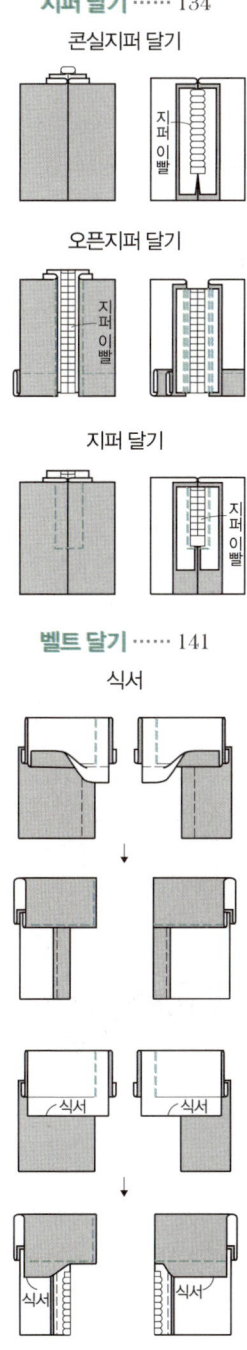

지퍼 달기 …… 134

콘실지퍼 달기

오픈지퍼 달기

지퍼 달기

벨트 달기 …… 141

식서

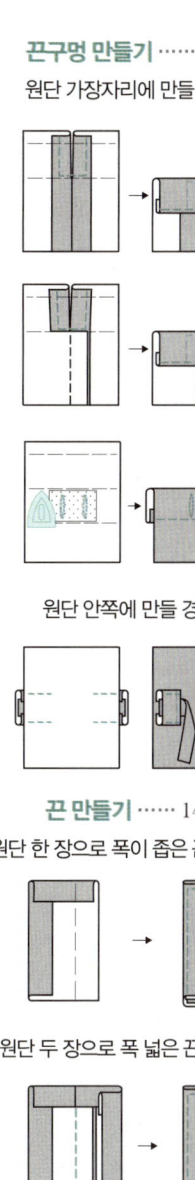

끈구멍 만들기 …… 144

원단 가장자리에 만들 경우

원단 안쪽에 만들 경우

끈 만들기 …… 146

원단 한 장으로 폭이 좁은 끈 만들기

원단 두 장으로 폭 넓은 끈 만들기

원단의 구김 펴기, 재봉선 정돈하기 등
같은 다리미라도 목적에 따라 다림질 방법이 달라집니다.
단, 어떤 경우든 원단 위 전체를 미끄러지듯 다리는 것이 아니라,
어느 부분을 어떻게 다릴지 생각하면서
필요한 부분에만 다리미를 대도록 해야 합니다.
실제 사용할 원단에 테스트로 다림질을 해보거나
재봉 도중에 틈틈이 해주는 다림질은 깔끔한 마무리를 위한 중요한 포인트가 됩니다.
이제 재봉 과정에서 절대 빠뜨릴 수 없는
다림질 방법에 대해 배워봅시다.

PART 1

다림질하기

도구 ----- 14
다림질 요령 ----- 15
접착심 붙이는 법 ----- 18
접착테이프 붙이는 법 ----- 19

Basic Home Sewing

 Basic

도구

다리미와 다리미판 외에 있으면 편리한 도구들

1

2

3

4

5

1 말판(p.51)
2 프레스 볼(p.129)
3 소매 다리미판(p.47)
4 분무기(p.15)
5 솔(p.47, 74)

다림질 요령

다림질 방법은 크게 두 가지로 나눌 수 있다. 용도에 따라 다리미를 이동시키는 방법이 달라진다.

다리미 온도

각 원단에 따라 다리미의 적정 온도가 다르기 때문에 아래에 나와 있는 '가정용 다리미 설정 온도'를 참고하여 온도를 설정하는 것이 좋으며, 실제로 사용할 원단에 반드시 테스트 다림질을 해본다. 스팀을 주면 크기가 줄어드는 소재도 있으므로 주의하자.

Point 실제 사용할 원단에 반드시 테스트 다림질을 해본다.

가정용 다리미 설정 온도

고	면, 마 등	180~210℃
중	양모, 견, 나일론, 폴리에스테르, 레이온 등	140~180℃
저	아크릴, 폴리우레탄 등	85~120℃

가정용 다리미로 접착심을 붙일 경우의 적정 온도

두꺼운 원단 소재	150~160℃
보통 두께의 원단 소재	140~150℃
얇은 원단, 특수 소재(아주 얇은 원단이나 열에 약한 원단)	130℃ 정도

원단 올 바로잡기

가로세로의 올이 직각으로 교차되어 있지 않은 경우가 있다. 그런 경우에는 원단의 올을 바로잡아 준다. 원단에 따라 그대로 다려주거나 스팀다리미로 다려줄 수도 있고, 미리 세탁해둔 원단을 다리미로 정리할 수도 있다.

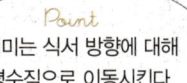

Point 다리미는 식서 방향에 대해 수평수직으로 이동시킨다.

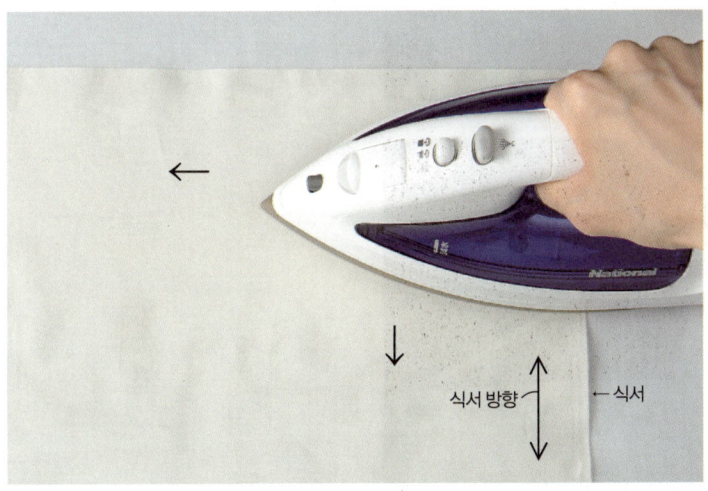

다림질판 위에 원단 안쪽이 위로 오게 하여 올려놓고, 손으로 식서 방향을 정돈한다. 다리미 면에 힘이 균등하게 실리도록 하여 식서 방향에 대해 수평수직으로 이동시키면서 다림질한다.

분무기
안개처럼 미세한 물을 뿜어서 넓은 범위를 균등하게 적셔주는 도구. 다리미의 스팀 자국이 남을 것 같은 원단이라면 분무기로 물을 뿌리고 건식 다리미로 다려서 원단을 바로잡도록 한다.

원단 올 바로잡기 & 구김 제거 다림질

원단을 평평하게 다리고자 할 때는 식서 방향에 주의해서 미끄러지듯이 다려준다.

> **Point**
> 다리미를 원단에 댄 상태로 이동시킨다.

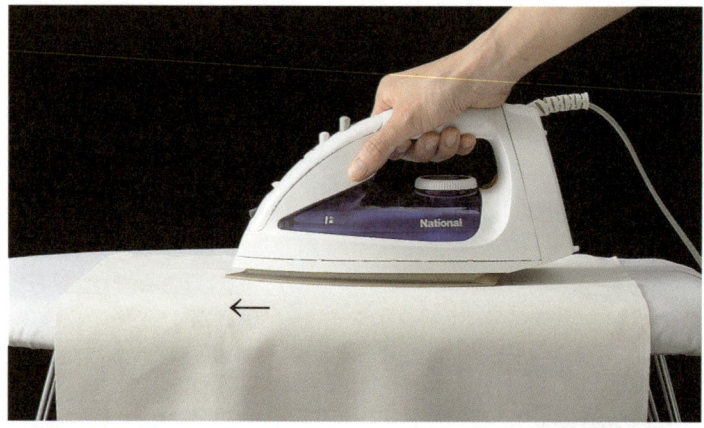

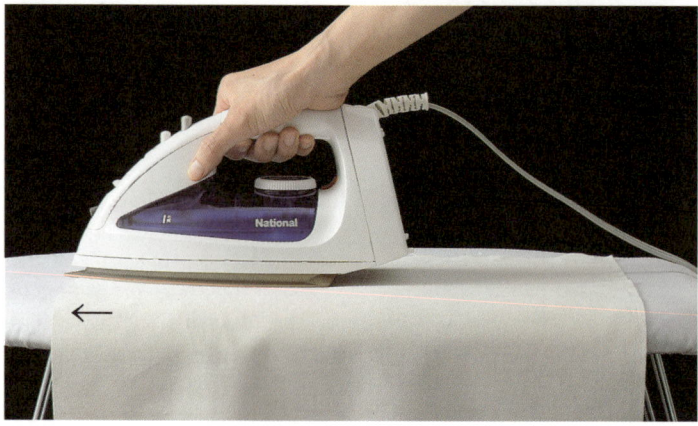

재봉 중의 다림질

재봉선 정돈하기, 접착심 붙이기, 시접 가르기, 시접 모아 꺾기 등 재봉 작업 도중에 다림질을 할 때는 다리미를 내려놓듯이 하여 다려준다.

Point 다리미를 이동시킬 때는 원단에서 떼어서 이동시킨다.

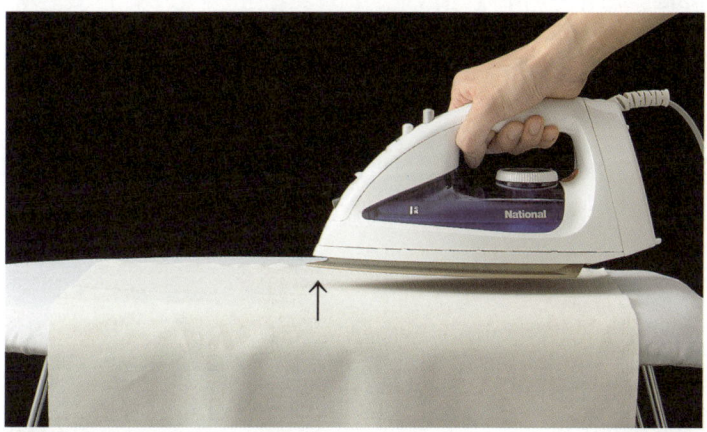

접착심 붙이는 법

접착심의 종류와 원단에 따라 줄어들거나 접착되지 않는 경우가 있으므로, 15페이지의 '가정용 다리미로 접착심을 붙일 경우의 적정 온도'를 참고하여 여분의 원단에 반드시 테스트를 해본다.

기본 접착법

1 접착심은 접착제가 붙어 있는 면을 원단의 안쪽과 맞댄다.

2 건식 다리미로 가볍게 눌러서 임시로 고정한다. 이때 다리미로 밀지 않도록 주의한다(p.17 참조).

3 이번에는 전체적으로 확실히 눌러준다. 원단에 열기가 남아 있는 상태에서 움직이면 원단이 늘어나거나 구김이 생길 수 있으므로, 다리미의 열이 식을 때까지 움직이지 않도록 한다.

Point 건식 다리미로 가볍게 눌러서 임시로 고정하고, 접착심을 붙인 직후에는 원단을 움직이지 않도록 한다.

접착심의 종류

바탕 원단의 한쪽 면에 접착제가 도포되어 있는 심지. 다양한 타입이 있으므로 용도에 맞춰서 구분하여 사용한다.

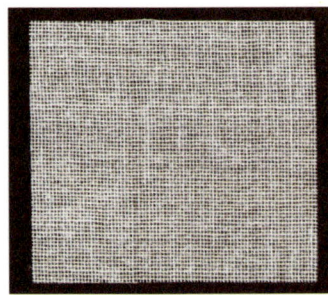 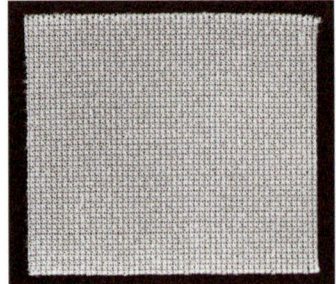 

직물
평직의 바탕 원단으로 겉감과의 조화가 좋고 늘어짐을 방지한다. 움직임에 지장을 주지 않으며 변형되지 않는다.

편성물
편성물의 바탕 원단으로 신축성이 있다. 겉감의 움직임에 따라 촉감이 부드러우며 가로 방향으로 당김이 있다.

부직포
섬유를 결합시킨 원단이 바탕 원단으로, 가볍고 구겨지지 않는다. 변형을 방지하며 세탁해도 줄어들지 않는다.

접착테이프 붙이는 법

접착테이프의 종류와 붙이는 위치에 따라 붙이는 방법이 다르다.

기본 접착법

1 접착테이프를 잡아당기지 않도록 주의하면서 손으로 조금씩 붙여 나간다.

2 완성된 모습

붙이는 위치

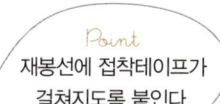
Point
재봉선에 접착테이프가 걸쳐지도록 붙인다.

얇은 원단의 경우
겉쪽에서 테이프가 비쳐 보일 때는 완성선에 걸쳐지도록 해서 시접 쪽으로 붙인다.

완성선을 튼튼히 하고 싶은 경우
완성선에 살짝 걸쳐지도록 해서 완성선 안쪽으로 붙인다.

곡선에 붙이는 방법

오목한 곡선의 경우

 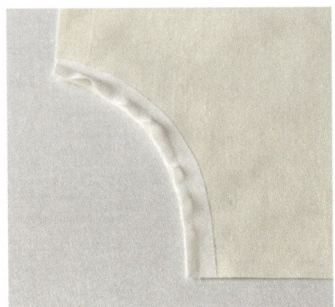 

1 다는 위치의 치수가 길어지는 안쪽을 당기지 않도록 임시로 고정한다.

2 들떠있는 접착테이프를 다리미로 찌그러뜨리듯이 눌러서 붙인다.

볼록한 곡선의 경우

1 다는 위치의 치수가 길어지는 바깥쪽을 임시로 고정한다.

2 들떠있는 접착테이프를 다리미로 찌그러뜨리듯이 눌러서 붙인다.

단면 접착테이프의 종류

바탕 원단에 접착제를 발라 테이프 모양으로 자른 것으로 늘어짐 방지를 위해 의복의 앞단이나 어깨, 진동둘레, 목둘레 등에 사용한다. 접착심을 잘라서 사용해도 좋다.

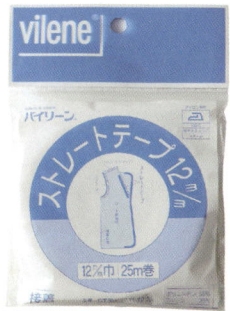 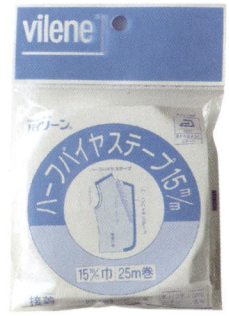 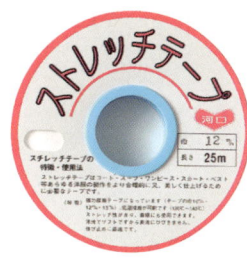

스트레이트 테이프
신축성이 적고 늘어짐 방지 효과가 크다. 단, 곡선에는 약간 사용하기 어렵다. 주머니 입구의 늘어짐 방지 등에 사용해도 좋다.

하프 바이어스 테이프
적당히 늘어나기 때문에 어느 정도의 늘어짐 방지에 효과가 있다. 완성선(가장자리)을 튼튼히 하고 싶을 때 사용하면 좋다.

스트레치 테이프
다리미로 접착한 후에도 스트레치성이 있다. 원단의 신축성에 맞추면서도 재봉했을 때 늘어나지 않으면 하는 니트 원단의 늘어짐 방지에 사용한다.

실제 원단으로 재봉하기 전에
여분의 원단을 사용해서 미리 테스트 재봉을 하도록 합니다.
테스트 재봉을 하면서 실의 장력을 조절하고,
머신 사용에도 익숙해지다 보면 어느새 재봉한 것을 다시 뜯지 않아도
만족할 만한 작품이 완성된답니다.
참, 머신과 친해지는 것이 제일 먼저 해야 할 중요한 작업입니다.

PART 2

재봉 준비물

도구 ----- 24
기초 재봉법 ----- 25
원단 & 실 & 바늘 ----- 27

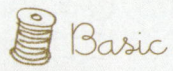 Basic
도구

항상 머신 옆에 두고 사용하면 편리한 도구들

1 
2 
3 
4

1 핀쿠션
2 대나무자(p.99)
3 송곳(p.43)
4 쪽가위(p.43)
5 솔기 안내(p.45)
6 테플론 노루발(p.31)
7 콘실지퍼 노루발(p.134)
8 말아박기 노루발(p.118)

5

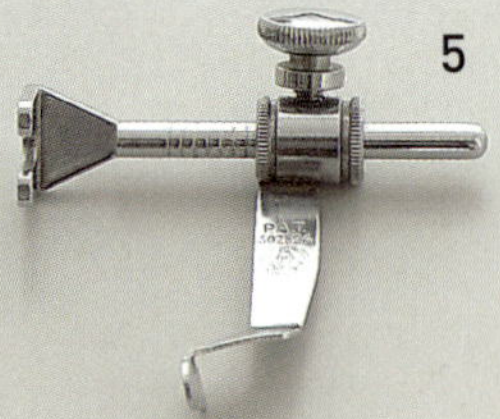

6  7  8

기초 재봉법

재봉하기 전에 반드시 테스트 재봉을 해서 윗실과 밑실의 장력을 조절해둔다.

테스트 재봉하기

재봉하는 과정에서 실의 굵기나 실의 배색이 바뀔 경우에는 한 번 더 테스트 재봉을 한다.

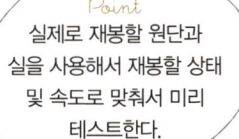

Point
실제로 재봉할 원단과 실을 사용해서 재봉할 상태 및 속도로 맞춰서 미리 테스트한다.

1 실은 얽히지 않도록 노루발 밑으로 해서 뒤쪽으로 빼 놓는다.

2 재봉선이 비뚤어지지 않도록 손으로 원단을 받쳐가면서 박는다.

3 두 장을 합봉할 경우에는 원단이 어긋나지 않도록 재봉선을 맞춰 잡은 상태에서 박아나간다.

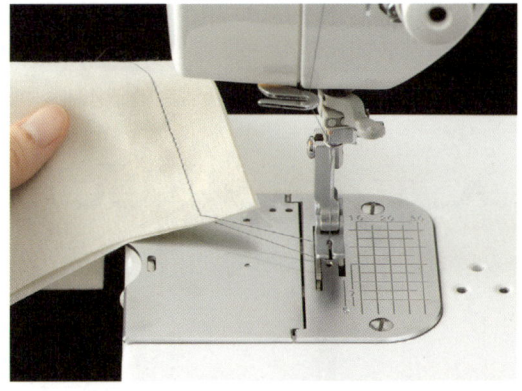

4 원단을 빼낼 때는 반드시 바늘이 가장 높은 위치로 올라갔는지를 확인한 다음에 노루발을 들어올린다. 바늘땀이 땅겨지지 않은 상태에서 실을 잡아당길 수 있다.

실의 장력 조절

윗실과 밑실이 균일하게 되어 있고 바늘땀이 깔끔하게 되어 있는지를 확인한다.

○　　　　　　　×　　　　　　　×

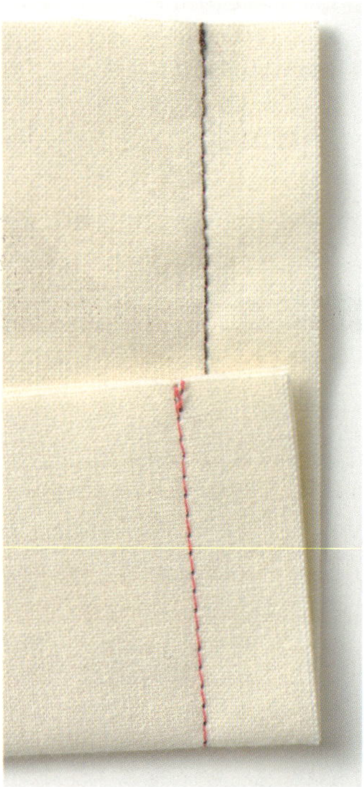

실의 장력이 올바른 상태. 윗실과 밑실이 원단의 중앙에서 서로 얽혀 있다.

윗실 장력이 강하다. 밑실의 상태를 확인하고 나서 윗실 장력을 약하게 조절한다.

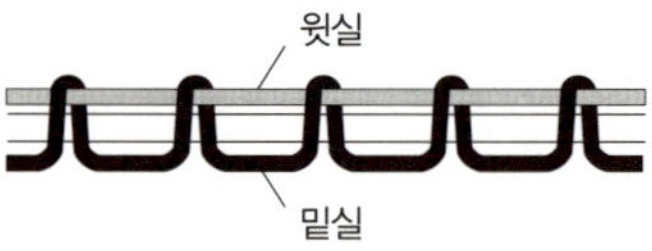

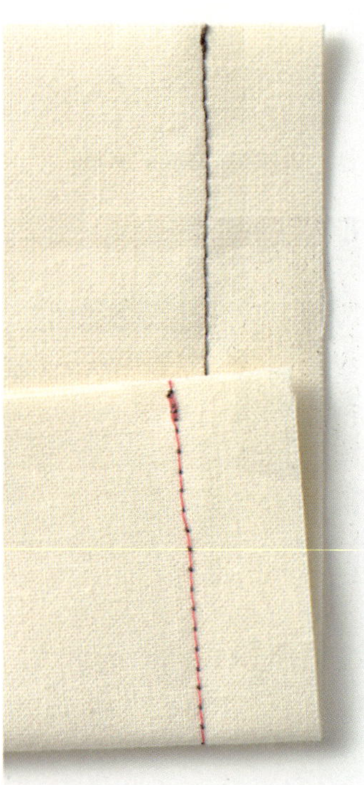

윗실 장력이 약하다. 밑실의 상태를 확인하고 나서 윗실 장력을 강하게 조절한다.

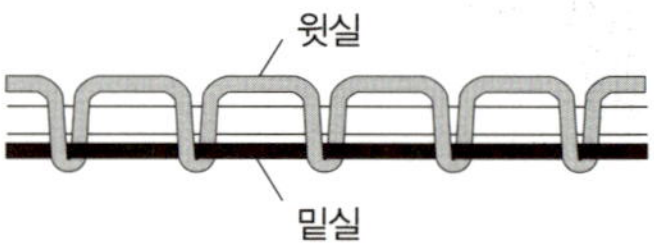

밑실

밑실을 제대로 감아두지 않으면 실의 장력이 나빠지는 경우도 있다.

원단 & 실 & 바늘

얇은 원단

실 FUJIX fine①
  FUJIX SchappeSpun 90번②
  FUJIX SchappeSpun 60번③
바늘 머신 바늘 7호④, 9호⑤

①   ②   ③   ④ ⑤

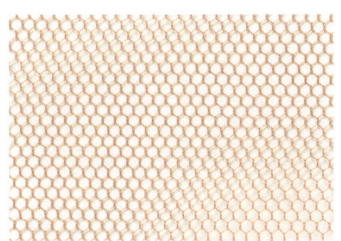

튈(Tulle)
육각형의 그물 구조를 지닌 얇은 메시 레이스의 일종. 명칭은 파리 근교의 도시, 튈에서 유래되었다.

오건디(Organdy)
얇고 가벼우며 비치는 성질이 있는 평직물. 단단한 촉감과 광택이 특징이다.

론(Lawn)
평직으로 된 고급 면직물. 마의 촉감을 갖게 하여 마무리한 직물로, 원래는 프랑스의 랑(Laon)에서 생산된 리넨을 일컫는다.

조젯(Georgette)
비교적 밀도가 성근 평직물. 부드럽고 당김이 없다. 드레이프성(옷감이 모양 있게 늘어져 내리는 특성)과 몸에 붙지 않는 시원한 감촉이 특징이다.

거즈(Gauze)
무르게 꼰 실을 성기게 평직으로 짜서 표백한 후에 부드럽게 마무리한 것. 면사로 된 부드러운 원단을 말한다.

새틴(Satin)
실을 표면에 떠오르게 하여 수자직(繻子織)으로 짠 직물. 보들보들한 촉감과 부드러운 광택감, 드레이프성이 특징이다.

안감
의복의 안쪽에 사용하는 원단. 큐프라, 아세테이트, 폴리에스테르 등의 화학섬유가 많다.

보통 두께의 원단

변화 능직(Fancy Twill)
날실이 떠있고 뚜렷한 이랑무늬를 나타내는 사문직. 촉감이 부드럽고 폭넓은 이랑이 보인다.

더블거즈
이중직의 겉과 안을 서로 다른 조직으로 짠 가벼운 부드러운 거즈. 세탁을 하면 촉감이 더욱 부드러워진다.

양류(楊柳) 크레이프
날실에 보통 면사, 씨실에 강연사를 사용하여 세로 방향에 잔주름을 넣은 평직물. 주로 여름용 의류에 많이 쓰인다.

지리멘(縮緬)
잔주름을 준, 바탕이 오글쪼글한 직물의 총칭으로, 크레이프에 해당한다. 묵직한 볼륨이 있고 광택이 아름답다.

시팅(Sheeting)
굵은 실로 짠 면 평직물로 의복의 가봉용 소재, 심지로 사용된다. 사진은 단색 염색한 것이다.

면 브로드
원단의 표면에 섬세한 가로 이랑을 나타내는 원단의 질이 조밀한 면 평직물. 촉감이 부드럽고 광택이 있다.

리넨(Linen)
아마 섬유를 원료로 한 마직물. 강한 내구성과 통기성, 시원한 느낌이 있기 때문에 여름 의류에 적합하다.

실 　FUJIX SchappeSpun 60번
바늘 　머신 바늘 9호①, 11호②

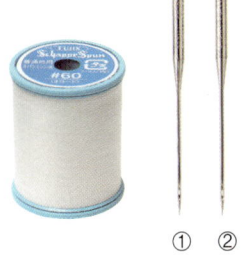
① ②

그로그랭(Gros-Grain)
조밀하게 짜진 가로 이랑의 직물로 이랑의 폭은 1mm 정도이다. 고밀도의 날실이 굵은 씨실을 덮고 있다.

와플(Waffle)
표면에 와플과자와 비슷한 요철의 모눈이 있는 직물. 허니콤천이라고도 한다.

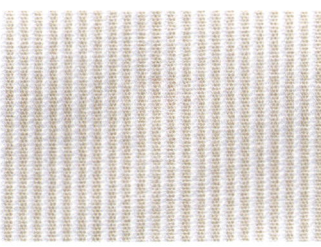
코드레인(Cordlane)
평직 원단에 가는 이랑이 나타난 이랑직물. 레이온사를 사용한 이랑직물을 특별히 가리키는 경우도 있다.

포플린(Poplin)
날실방향에 가는 이랑이 있는 평직물. 원래는 면이지만 현재는 다양한 섬유로 짜지고 있다.

버버리(Burberry)
영국 런던의 버버리사의 등록상표명. 면 개버딘의 일종으로 특수 방수 가공한 것이다.

샤크스킨(Sharkskin)
주로 화학섬유로 만들어진 거칠고 샤프한 능직 또는 사자직(斜子織).

타월지
파일직물. 표면에 고리가 나오도록 짠 직물. 조직을 일컫는다. 표면에 나와 있는 고리를 파일이라고 한다.

두꺼운 원단

실　　FUJIX SchappeSpun 60번①
　　　FUJIX SchappeSpun 30번②
바늘　머신 바늘 9호③, 11호④, 14호⑤

① ② ③ ④ ⑤

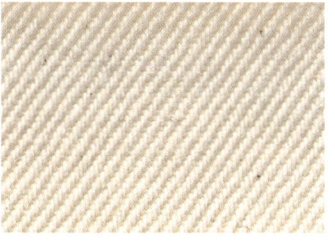

데님(Denim)
능직으로 된 두꺼운 면직물. 세로에 염색실, 가로에 표백실을 사용하고, 겉에는 색실, 안에는 흰 실이 많이 나타난다.

범포(帆布)
두꺼운 평직 면직물로 얇은 것은 캔버스라고도 불린다. 굵은 실로 조밀하게 짜여 있어 매우 튼튼하다.

코듀로이(Corduroy)
보풀이 세로방향에 이랑처럼 나 있는 직물. 목면으로 된 것이 일반적이지만 레이온으로 된 것도 있다. 코르덴이라고도 한다.

모서(Mosser)
이끼(Moss)와 같은 감촉의 방모직물. 코트 원단 등에 사용된다.

헤링본(Herring Bone)
능직의 일종. 짜임새가 청어의 뼈(헤링본) 모양과 닮은 데서 붙은 명칭이다.

플란넬(Flannel)
방모사를 사용한 평직 또는 능직으로, 약간 두꺼운 원단의 표면에 보풀이 있는 직물. 플라노라고도 한다.

트위드(Tweed)
굵은 양모를 사용하여 평직 또는 능직으로 짠 직물로, 성글고 거친 느낌의 소박한 멋이 있는 방모직물이다.

특수소재

가죽에는
- 실　FUJIX KING LEATHER 30번①
　　　가죽공예용②
- 바늘　가죽 전용 머신 바늘(슈미츠 바늘) 14호③
● p.30의 두꺼운 원단에 사용할 수 있는 것도 있다.

① ② ③

테플론 노루발
표면이 잘 미끄러지지 않는 소재에 사용하는 머신의 노루발

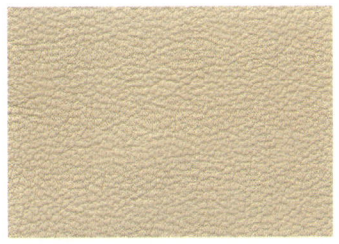

면피가죽
소나 양의 가죽 표면을 도료 등으로 코팅 처리한 가죽의 총칭. 사진은 새끼양 가죽이다.

내피가죽
가죽의 표면을 기모한 것. 스웨이드(Suede), 벅스킨(Buckskin) 등이 있다. 사진은 피그 스웨이드(Pig Suede)이다.

누벅(Nubuck)
소의 가죽 표면을 사포로 아주 가볍게 마모하여 기모처리한 것. 스웨이드와 비슷하다.

합성피혁
직물이나 부직포를 바탕 원단으로 하여 표면에 합성수지를 도포해 천연피혁과 비슷하게 만든 것이다.

인공피혁
천연피혁의 조직구조를 인공적으로 만들어낸 소재로 통기성이 있다. 엑센느(ECSAINE)는 브랜드.

에나멜
원단 표면에 도료, 바니시, 래커 등을 칠해서 광택을 낸 것으로 원래는 가죽에 실시한 가공을 말한다.

브로드 라미네이트
표면을 비닐 코팅(라미네이트 가공)한 인테리어 패브릭이다.

니트 소재

실(니트 전용)　FUJIX LEONA66 50번①
　　　　　　　　FUJIX Resilon 50번②
바늘　　　　　　니트 전용 머신 바늘 11호③

①　　　　②　　　　③

스무드(Smooth)
양면뜨기를 한 직물로 양면에 모두 똑같은 뜨개질 코가 보인다. 매끈하고 두께가 있는 질감과 적당한 신축성이 특징이다.

리브(프라이스)
고무뜨기. 리브(Rib)란 갈빗대라는 의미로 여기서는 원단의 이랑을 일컫는다. 가로방향으로 신축성이 좋다.

스웨트(Sweat)
사진은 겉이 평뜨기, 안이 고리 모양으로 된 편성물로 안감에 기모로 된 고리가 있다.

스티치를 할 경우

실　　FUJIX JEANS STITCH 20번①②
　　　FUJIX SchappeSpun 30번③
바늘　머신 바늘 14호④
　　　데님(스티치용)바늘 16호⑤

윗실과 밑실에 스티치를 사용한 바늘땀

윗실에 30번, 밑실에 스티치실을 사용한 바늘땀

스티치실처럼 굵은 실은 바늘귀 등의 마찰로 실의 장력을 맞추기 어렵고, 특히 윗실과 밑실에 모두 스티치실을 사용하는 것은 더욱 어렵다. 따라서 이런 경우에는 밑실에만 스티치실(20번)을 사용하고, 윗실은 조금 가는 실(30번)을 사용하면 실의 장력이 잘 맞는다. 이렇게 밑실에 스티치실을 감아서 재봉할 때는 바늘땀이 보였으면 하는 면(겉쪽)이 밑으로 가게 해서 박아준다.

Basic Home Sewing

원단을 맞대어 머신으로 재봉하고 다림질합니다.

단순한 작업이긴 하지만

모든 과정에 해당하는 기본적인 작업이기도 하지요.

머신 및 다림질 도구의 활용법도 참고하면서

재봉의 기본을 파악하는 것부터 시작해보기 바랍니다.

PART 3

재봉하기

시침핀 꽂기 ----- 36
시침질하기 ----- 38
머신으로 재봉하기 ----- 42
원하는 땀폭으로 재봉하기 ----- 44
시접 가르기 & 시접 모아 꺾기 ----- 46

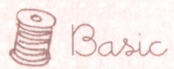
Basic
시침핀 꽂기

Point 재봉 위치가 어긋나지 않도록 고정하는 것에 신경을 쓰면서 꽂아준다.

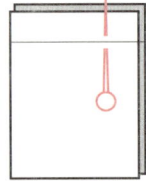 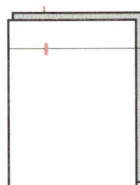

시침핀 꽂는 법

재봉 시 원단이 어긋나지 않도록 시침핀으로 고정한다.

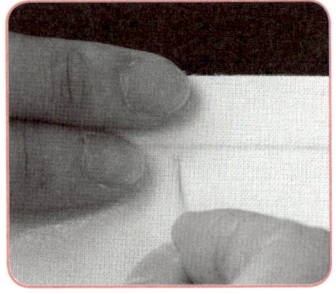 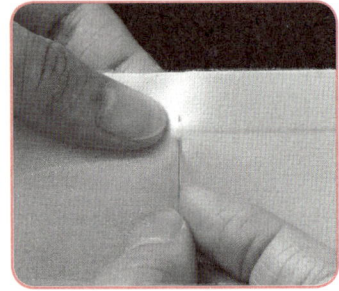 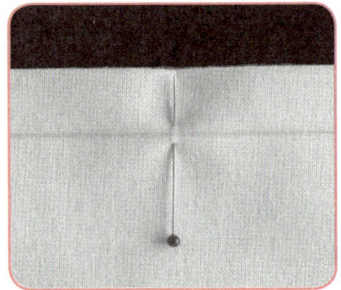

1 두 장의 표시를 맞춘 다음 재봉선이 가운데에 오도록 해서 시침핀을 꽂는다.

2 원단을 살짝 떠준다.

3 완성된 모습

바늘 자국이 남는 경우

가죽, 합성피혁 등 바늘 자국이 남는 소재의 경우에는 재봉선의 바깥쪽(시접 쪽)에 시침핀을 꽂는다.

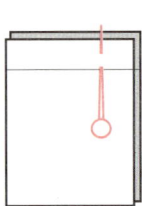 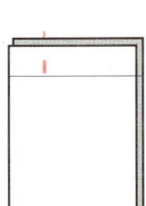

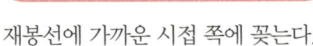

합성피혁 등은 바늘 자국이 남는다.

재봉선에 가까운 시접 쪽에 꽂는다.

원단이 두꺼운 경우

위아래의 원단을 무리해서 똑같은 분량으로 뜨려고 하다 보면, 재봉선이 뒤틀리거나 어긋날 수 있으므로 아래 원단은 짧고 얕게 떠준다.

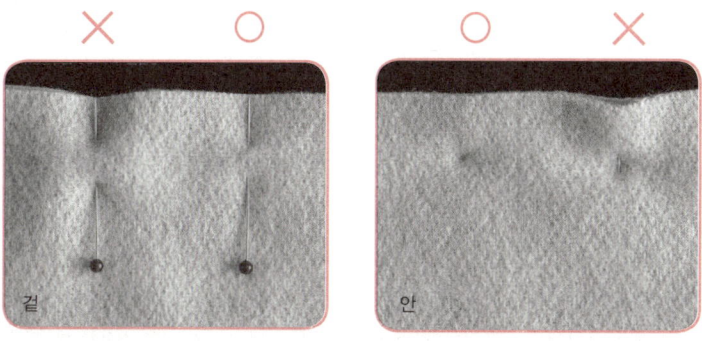

시침핀 꽂는 순서

1. 시작부분과 끝부분에 꽂는다.

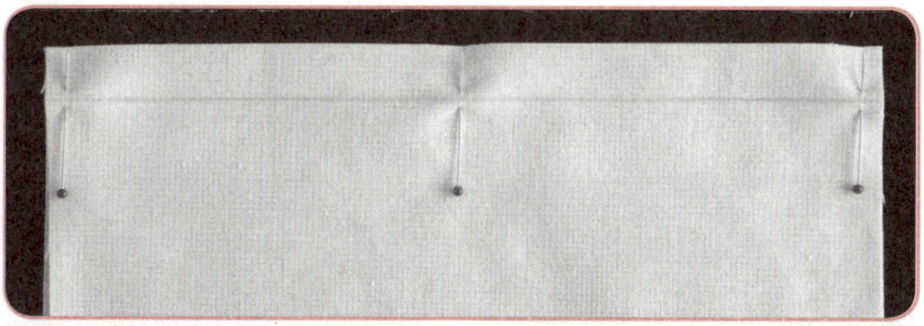

2. 1의 중간이나 맞춤표시에 꽂아준다.

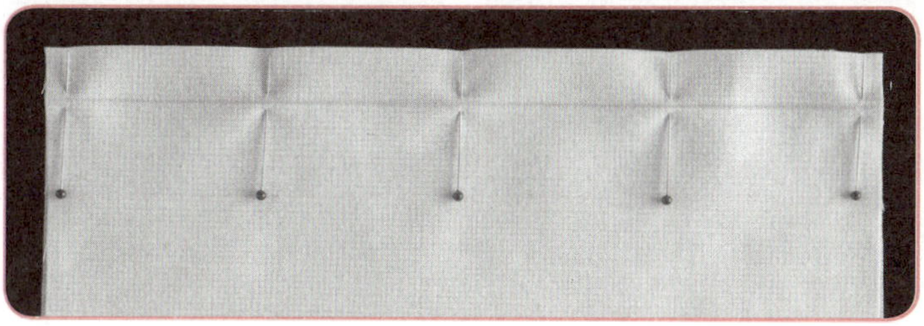

3. 재봉할 부분이 긴 경우에는 중간에도 꽂아준다.

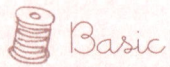
Basic
시침질하기

> **Point**
> 재봉선 위에 시침질을 하면 나중에 시침실 뜯기가 어려워지므로, 완성선에서 바깥쪽(시접 쪽)으로 약간 떨어진 위치에 한다.

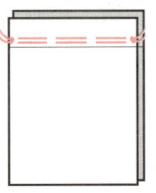 

시침질 방법

시침핀으로만 고정하는 것이 불안하다면 실(시침실)로 꿰매서 고정한다.

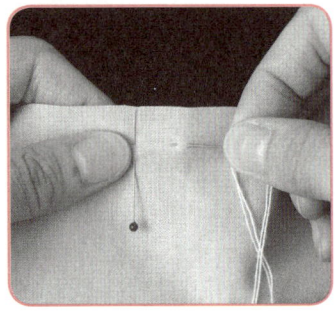 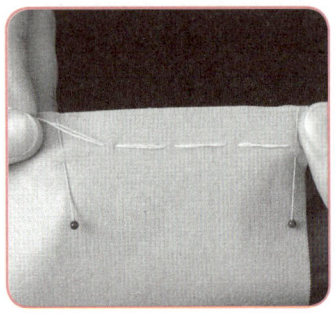 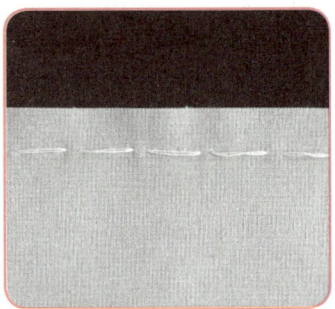

1 재봉선에서 바깥쪽(시접 쪽)으로 약간 떨어진 위치를 꿰매준다. 원단은 살짝 떠주어야 원단끼리 어긋나지 않는다.

2 간격을 넓게 하여 바느질하되, 실을 너무 잡아당기지 않도록 주의한다.

3 완성된 모습

실 두 가닥

두꺼운 원단이나 원단을 튼튼히 고정하고 싶을 때는 두 가닥으로 시침질한다.

실 한 가닥

얇은 원단은 실 한 가닥으로 조심스럽게 꿰매주면 원단이 상하지 않는다

  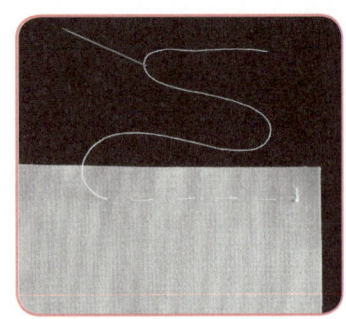

a 바늘에 실 한 가닥을 끼워서 두 겹으로 겹친 뒤 꿰맨다.

b 바늘에 실 두 가닥을 끼워서 꿰맨다.

바늘에 실 한 가닥을 끼워서 꿰맨다.

시침실
흰 면사로 된 시침용 실.
타래로 감겨 있어 한쪽을 가위로 잘라
한 올씩 뽑아서 사용한다.

매듭짓기 a

바느질 시작부분의 실이 빠지지 않도록 손가락에 건 실을 꼬아주듯이 감아서 매듭을 짓는다.

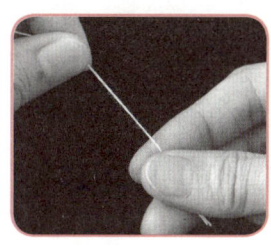
1

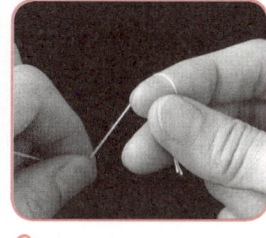
2

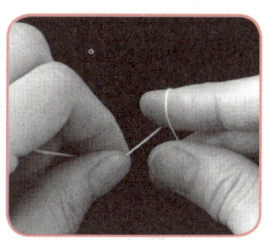
3

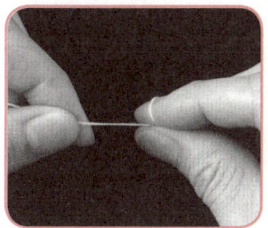
4

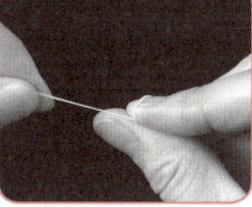
5

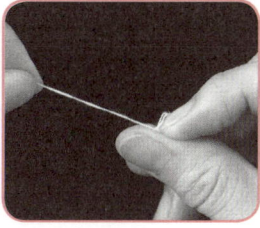
6

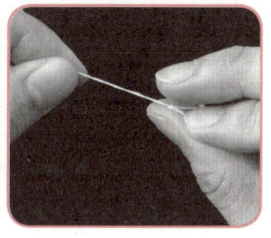
7

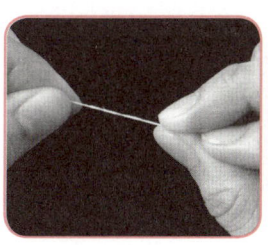
8

9

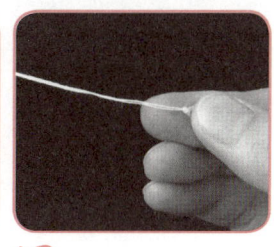
10

매듭짓기 b

바늘에 실을 2~3번 감아서 매듭을 짓는다.

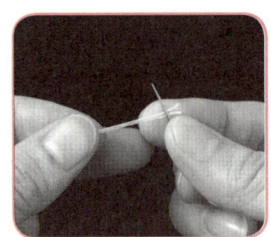
1

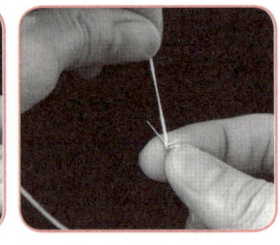
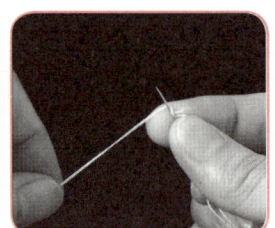
2 바늘에 실을 감는다.

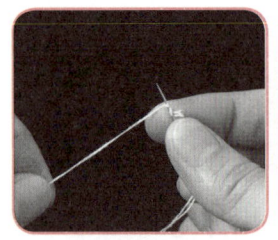
3 실을 2~3번 감아준다.

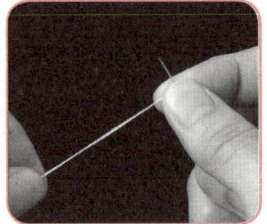
4

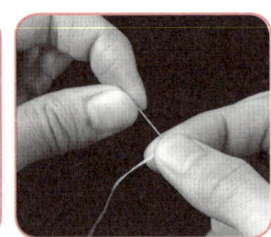
5

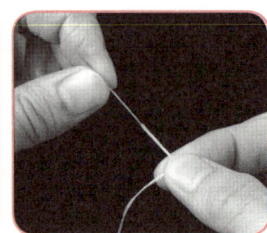
6

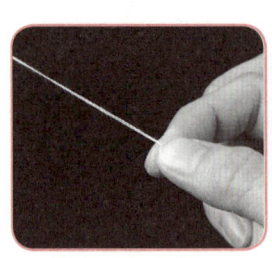
7

8

고정용 매듭

바느질을 마무리할 때 끝부분이 풀리지 않도록 고정하기 위해 바늘에 실을 2~3번 감아준 다음, 매듭을 만들어 고정시킨다.

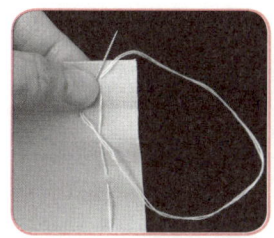
1

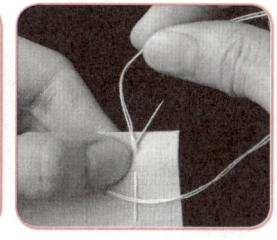
2 바늘에 실을 감는다.

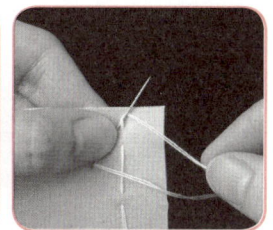

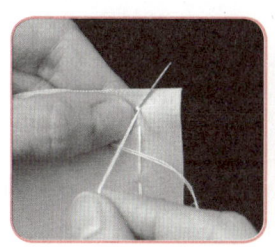

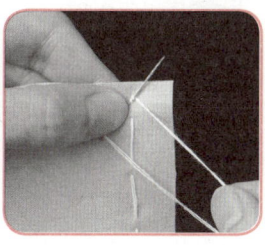
3 실을 2~3번 감아준다.

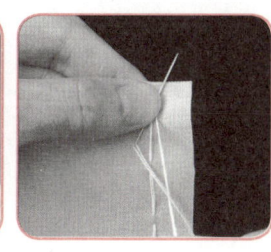
4

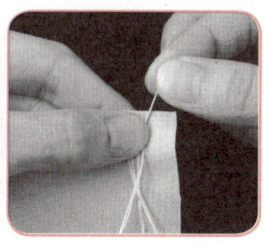
5

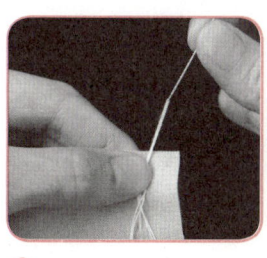
6

7

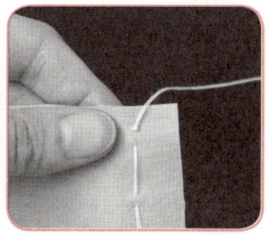
8

머신으로 재봉하기

> **Point**
> 재봉 시 시작부분과 끝부분은 되돌아박기를 한다.

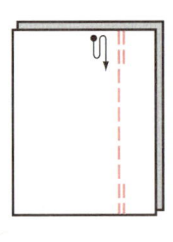 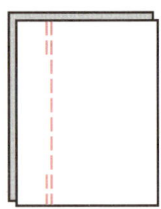

되돌아박기

바늘땀이 풀리지 않도록 3중으로 박는다.

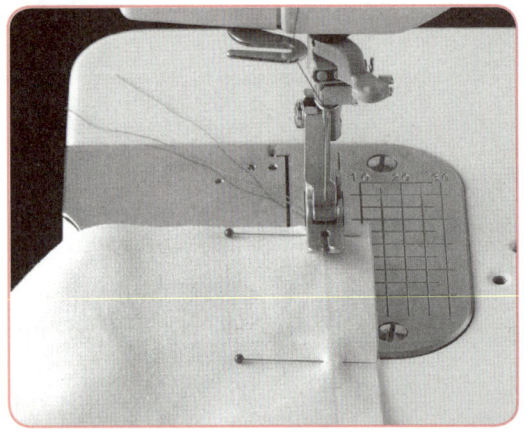

1 윗실과 밑실은 서로 얽히지 않도록 노루발 밑으로 해서 뒤쪽으로 빼놓는다.

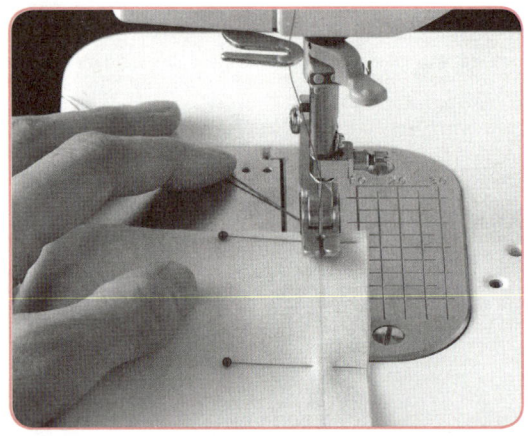

2 윗실과 밑실을 살짝 누른 상태에서 시작부분에 바늘을 꽂은 다음 노루발을 내린다.

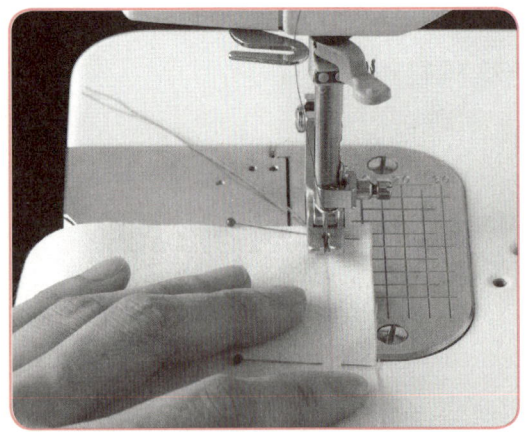

3 2~3땀 박은 뒤 멈춘다.

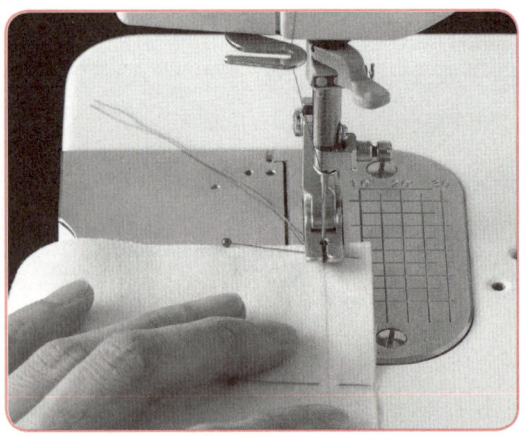

4 후진버튼을 눌러서 같은 바늘땀 위를 박아주면서 시작부분까지 되돌아간다(되돌아박기).

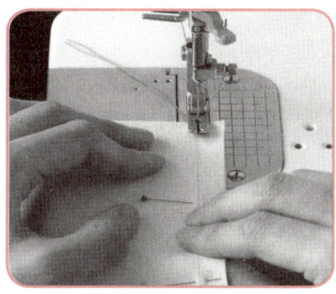

5 재봉선이 비뚤어지지 않도록 손으로 원단을 받쳐가면서 박아준다.

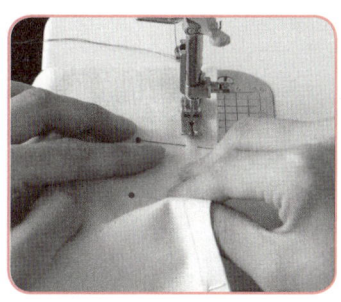

이때 노루발은 위에서 누르고 있고 아래쪽 톱니는 원단을 밀어주고 있는 상태이므로, 아래쪽을 살짝 잡아당기는 느낌으로 잡고 박아주면 원단이 밀리는 것을 막을 수 있다.

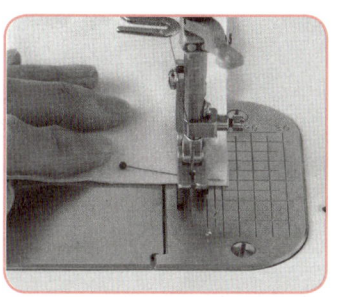

6 재봉을 끝낼 때도 되돌아박기를 한다. 재봉이 끝난 지점에 바늘을 꽂아서 고정시킨다.

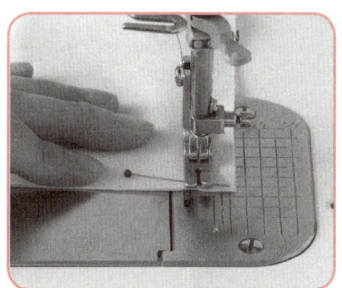

7 바늘땀 위를 따라 2~3땀 정도 되돌아간다.

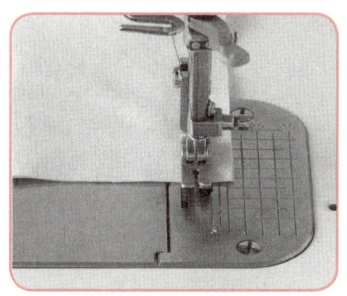

8 다시 끝 지점까지 박는다.

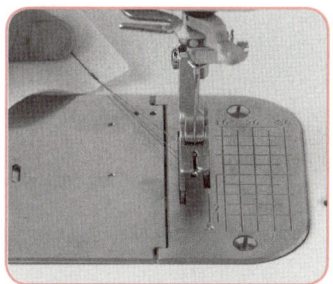

9 바늘을 가장 높은 위치로 올린 다음 노루발을 들어 올린다. 원단을 뒤쪽으로 당겨서 실을 자른다.

송곳으로 재봉할 위치를 누른 상태로 원단을 밀면서 박아주면 재봉선이 비뚤어지는 것을 방지할 수 있다.

송곳

끝이 뾰족한 금속제 용구. 머신의 바늘땀이나 시침실을 뜯을 때, 재봉이 잘못되어 다시 박은 원단을 정돈할 때 등 다양한 용도로 사용할 수 있다.

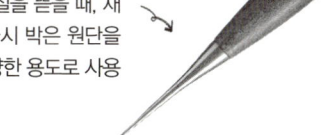

쪽가위

주로 실을 자를 때 사용한다. 손 안에 들어오는 크기로 부피도 크지 않아서 항상 옆에 두고 사용하면 편리하다.

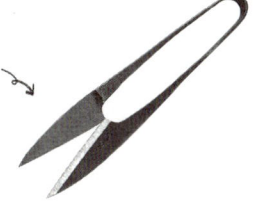

Basic
원하는 땀폭으로 재봉하기

> **Point**
> 원하는 땀폭의 가이드를 만들어서 원단 끝을 가이드에 맞추어 평행하게 재봉한다.

침판 위의 가이드라인

머신의 침판 위에 가이드라인이 표시되어 있는 경우에는 원하는 땀폭의 선에 원단 끝을 맞추어 박는다.

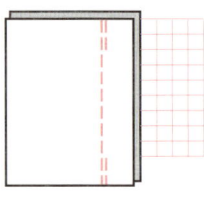
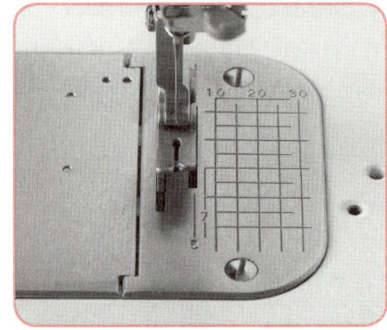

테이프 붙이기

침판의 가이드라인에 표시되어 있지 않은 치수이거나, 침판 위의 치수를 보기 쉽게 하고 싶을 때는 테이프를 붙여서 가이드를 만든다.

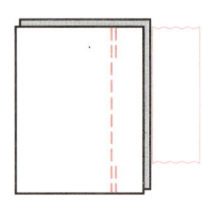
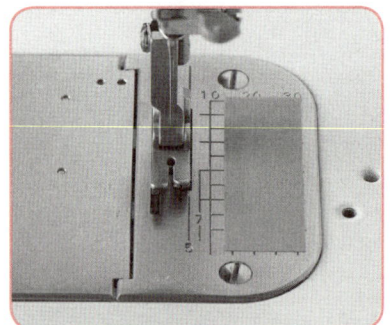

마그네틱 가이드라이너

원단 끝을 가이드라이너에 대어가면서 재봉하므로 원단이 비뚤어지는 것을 막을 수 있다.

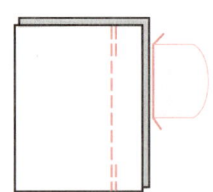
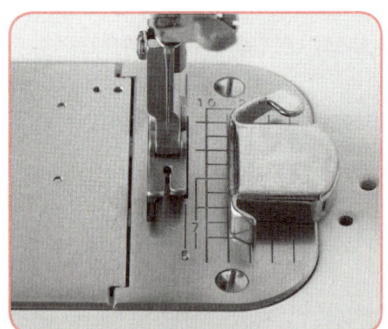

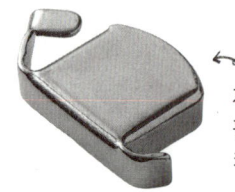

자석으로 되어 있어서 머신의 침판에 고정할 수 있다. 가이드가 커서 직선 재봉 시에 유용하다.

솔기 안내

원단의 단뿐만 아니라 안쪽에 스티치를 할 때에도 편리하다.

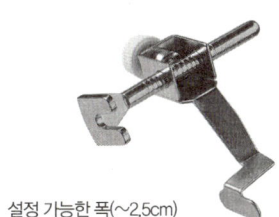

설정 가능한 폭(~2.5cm)

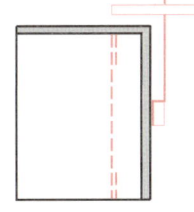

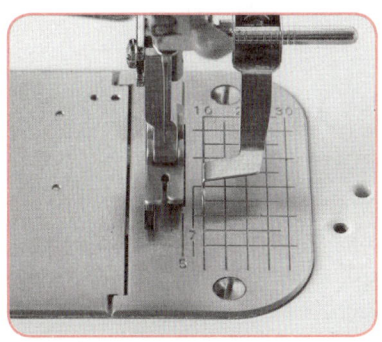

설정 가능한 폭(~4.0cm)

머신의 바늘대에 설치하여 사용한다. 원하는 땀 폭에 맞춰 가이드를 움직여서 고정한다. 가이드가 작아서 곡선에도 사용할 수 있다.

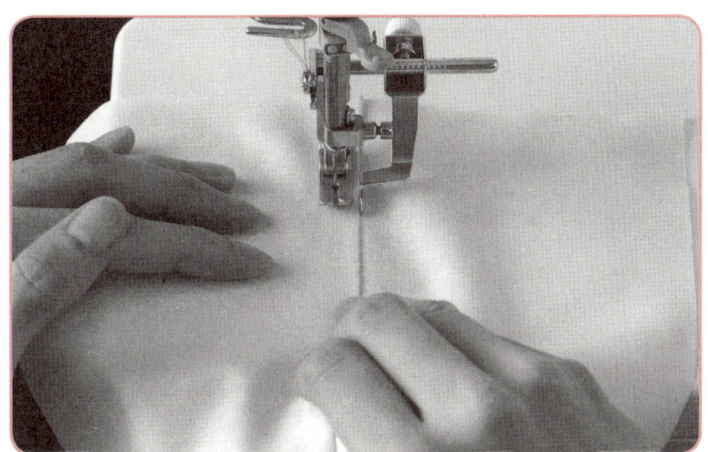

원단 안쪽의 스티치 등에도 활용할 수 있다.

종이자

폭이 넓은 스티치를 할 때 손쉽고 편리하다. 원단이 밀리는 것도 방지할 수 있다.

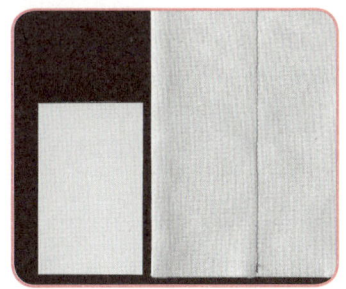

엽서 정도의 두꺼운 종이를 스티치 폭으로 잘라서 자를 만든다.

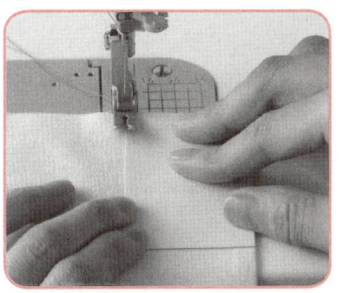

1 원단 끝에 종이자의 끝을 맞추고, 다른 쪽 끝에 바늘을 꽂을 수 있도록 설정한다.

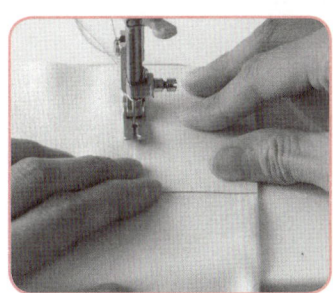

2 종이자를 따라 재봉을 하고, 자를 이동시키면서 재봉해간다.

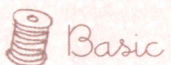# Basic
시접 가르기 & 시접 모아 꺾기

> **Point**
> 재봉한 후에는 우선 재봉선을 다리미로 정돈해준 뒤에 다음 작업으로 넘어간다.

재봉선 정돈하기

시접 가르기나 시접 모아 꺾기를 하기 전에 반드시 다림질을 하여 들떠있는 재봉땀을 정돈한다. 깔끔하게 마무리하기 위한 중요한 과정이다.

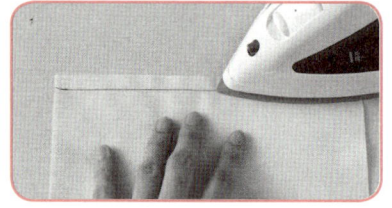
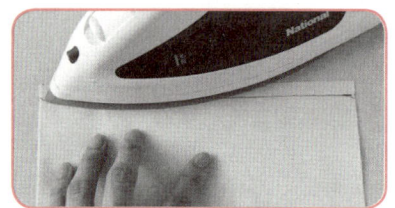
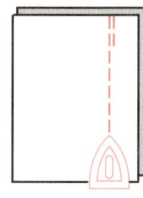

시접 가르기

다리미로 시접을 눌러서 가르는 것이 아니라 재봉선을 누르듯이 해서 시접을 가른다.

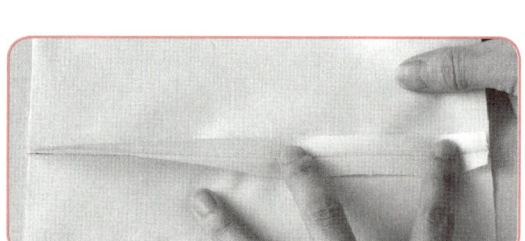

1 재봉선이 똑바로 되도록 원단을 벌려 둔다.

2 손가락으로 재봉선을 따라 눌러가면서 시접을 갈라준다.

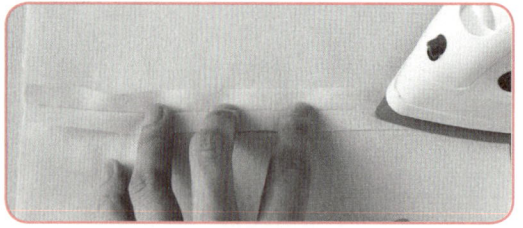
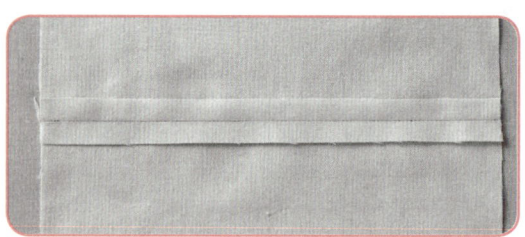

3 재봉선을 누르듯이 하여 다려준다. 소매 다리미판을 사용하면 다림질이 더 쉬워진다(p.47 참조).

4 완성된 모습

두꺼운 원단, 울 원단 등의 시접을 가를 경우

다리미의 스팀만으로 가르기 힘든 경우에는 물을 발라준다.

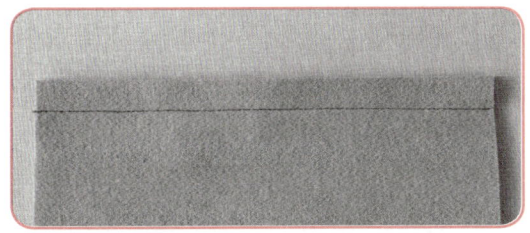

1 재봉선을 정돈한다.

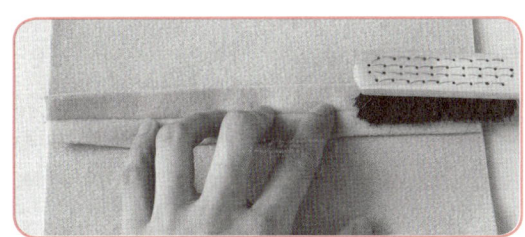

2 시접을 벌려서 솔로 재봉선에 물을 발라준다. 양재용 솔이 없을 때는 칫솔을 사용해도 된다.

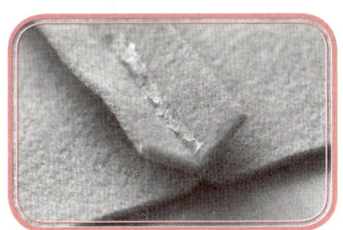

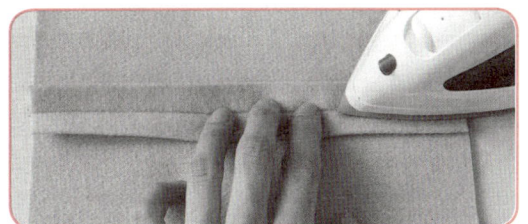

3 다리미 앞부분으로 시접을 눌러가면서 수분이 날아갈 때까지 확실히 다려준다.

손으로 시접을 잡아가면서 다릴 때는 원단에서 다리미를 띄우지 않도록 한다. 다리미를 띄우면 손 쪽으로 증기가 뿜어져 나와서 화상을 입게 될 수도 있으니 주의하기 바란다.

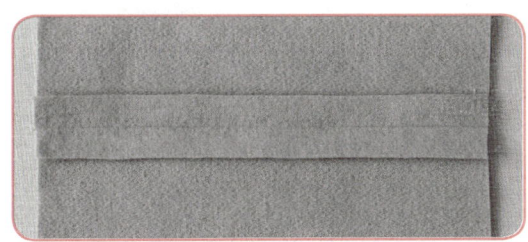

4 완성된 모습(안)

완성된 모습(겉)

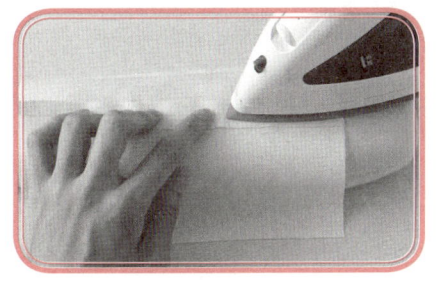

소매 다리미판

소매통의 좁은 부분이나 소매를 마무리할 때 사용하는 다리미판. 시접을 가를 때 사용하면 원하는 부분에만 다리미가 닿기 때문에 시접 주변이 겉으로 나오는 것을 방지할 수 있다. 시침질 같은 바느질을 할 때도 활용할 수 있다.

시접 모아 꺾기

재봉선을 다리미로 한 번 접은 다음 시접을 한쪽으로 모아 꺾는다.

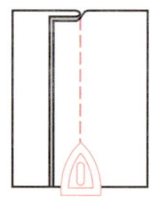 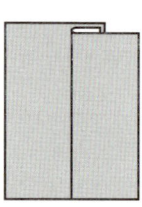

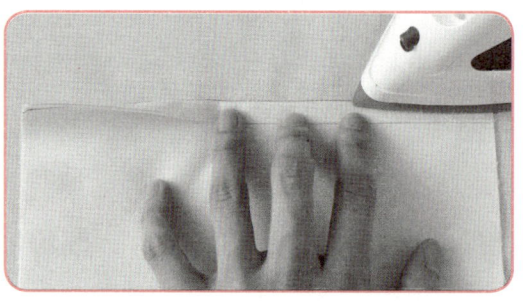

1 재봉선을 따라 시접 두 장을 함께 접는다. 특히 얇은 원단의 경우, 이렇게 해서 다려주면 재봉선이 깔끔하게 나온다. 재봉선이 늘어나지 않도록 주의하면서 다리미로 누르듯이 다린다.

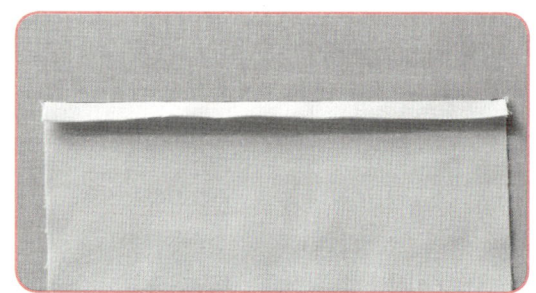

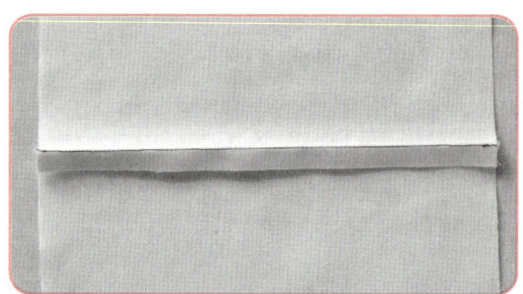

2 시접을 한쪽으로 꺾은 상태에서 원단을 펼친다.

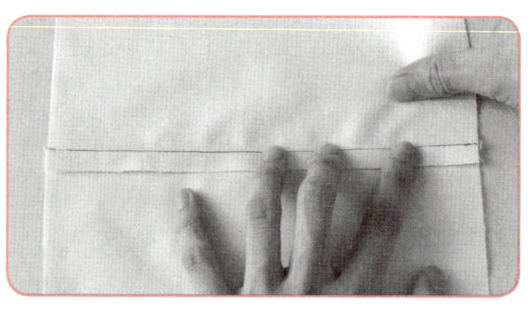

3 손가락으로 재봉선을 누르듯이 해서 벌려준다.

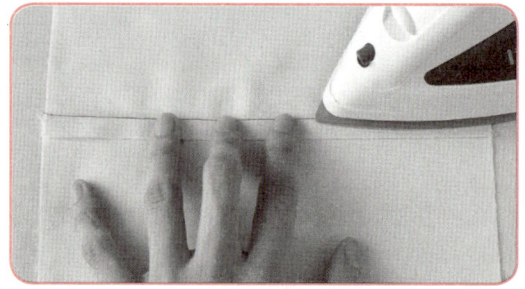

4 다리미의 옆선을 사용해서 재봉선을 누르듯이 다려준다. 소매 다리미판을 사용하면 다림질이 더 쉬워진다 (p.47 참조).

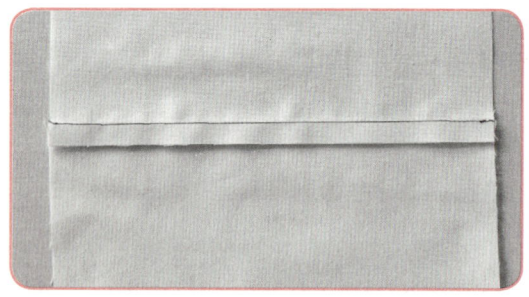

5 완성된 모습

늘림시접을 줄 경우

완성선보다 약간 바깥쪽(시접 쪽)을 박은 후 완성선을 따라 한쪽으로 모아 꺾는다.

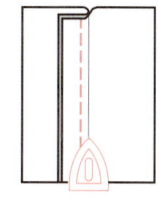 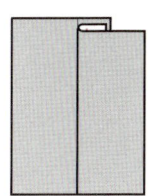

1 완성선에서 바깥쪽(시접 쪽)으로 0.3~0.5cm 정도 떨어진 위치를 박는다.

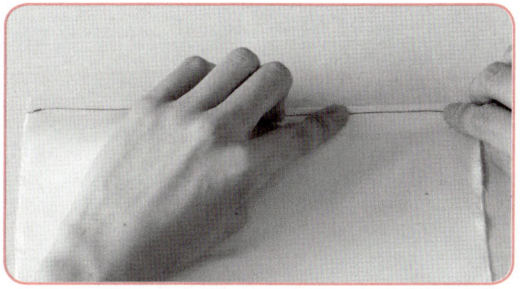

2 완성선을 따라 두 장을 함께 접는다.

3 접은 부분을 다리미로 눌러준다.

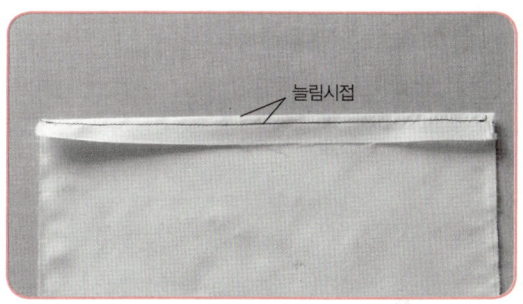

4 재봉선에서 접어놓은 완성선까지의 부분을 늘림시접이라고 한다.

5 늘림시접 분량을 남긴 채 시접을 한쪽으로 꺾고 원단을 펼친다.

늘림시접

안감을 달 경우 겉감이 움직이기 쉽도록 안감에 여유분을 주는데, 이것을 '늘림시접 주기'라고 한다.

원통형 시접 가르기 & 시접 모아 꺾기

원통 모양이 된 부분을 찌그러뜨리지 않도록 다림질을 한다.

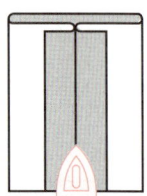 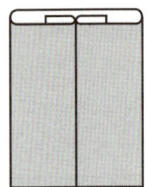 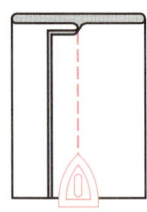 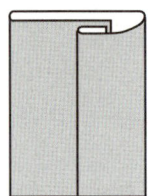

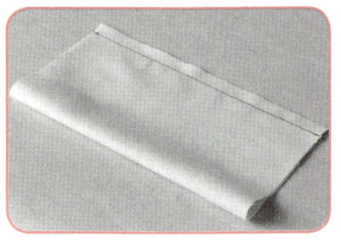

1 재봉선을 정돈한다(p.46 참조).

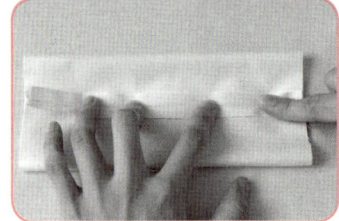

2 재봉선이 가운데로 오게 한 다음, 시접을 가르거나 한쪽으로 모아 꺾는다.

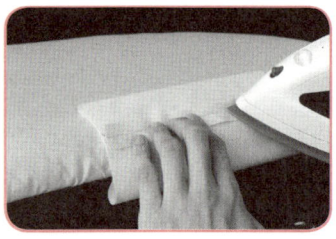

3 다리미판의 가장자리에 시접 부분을 놓고 다리면 다른 부분을 찌그러뜨리지 않고 다릴 수 있다.

소매 다리미판·말판 사용하기

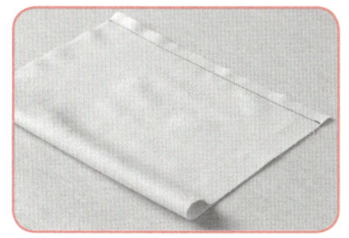 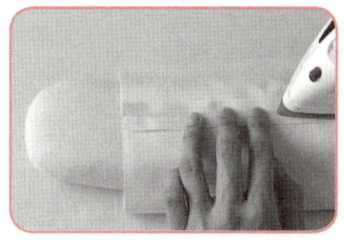 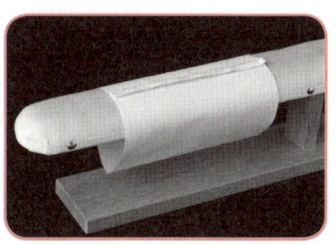

원통 모양이 어느 정도 치수가 있는 경우(소매 다리미판이나 말판이 통과하는 치수).

소매 다리미판에 원단을 끼우고 시접을 가른다.

소매 다리미판과 같은 방법으로 말판을 사용한다.

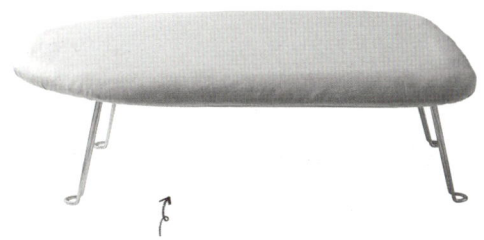 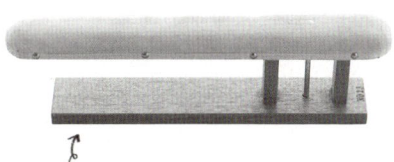

다리미판
다림질할 때 사용하는 판. 다리가 달려 있는 가정용 다리미판은 콤팩트해서 사용하기 편리하다.

말판
목재로 된 다리가 달린 판에 심과 원단을 붙인 다리미판. 주로 재킷을 마무리할 때 사용한다.

겉모습을 아름답게 하고 싶다면 내면부터 가꾸어야 합니다.

이는 재봉을 할 때도 마찬가지입니다.

작품을 박아서 뒤집기 전에 안쪽의 시접정리를 잘 해두면 바깥쪽도 자연스럽게 정돈되지요.

안 보이는 부분이라고 대충해서는 안 된답니다.

시접정리뿐만 아니라 실 처리나 작업 공간의 정리정돈도 중요합니다.

PART 4

박아서 뒤집기

박아서 뒤집기 ----- 54
모서리 ----- 55
모서리 절개선 ----- 62
모서리와 직선 ----- 66
곡선(凸) ----- 68
곡선(凹) ----- 76
곡선 절개선 ----- 78
곡선과 직선 ----- 83

박아서 뒤집기

Point 박아서 뒤집은 뒤에 재봉선이 보이는 모습에 따라 명칭과 그 방법이 달라진다.

맞추어 뒤집기

족집게의 집게 부분처럼 딱 맞물려진 상태가 되게 한다.

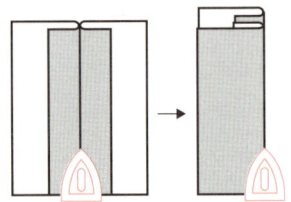

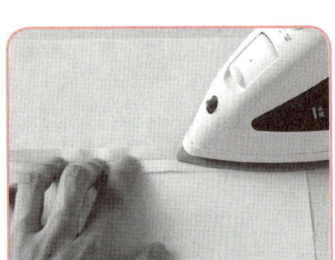

1 시접을 가른다(p.46 참조). 곡선이나 가르기 어려운 경우에는 재봉선을 따라 한쪽으로 모아 꺾는다.

2 안끼리 맞대고, 재봉선을 족집게처럼 딱 맞물려진 상태가 되게 해서 다리미로 눌러준다.

CHECK! 겉쪽과 안쪽의 어느 한쪽으로도 치우치지 않도록 족집게처럼 맞대어진 상태가 되게 한다.

어긋나게 뒤집기

재봉선을 안쪽으로 약간 어긋나게 하여(●), 어긋난 겉쪽에서는 재봉선이 보이지 않는 상태가 되게 한다.

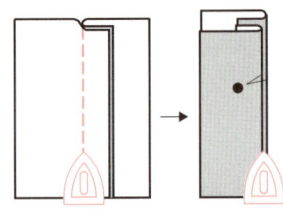

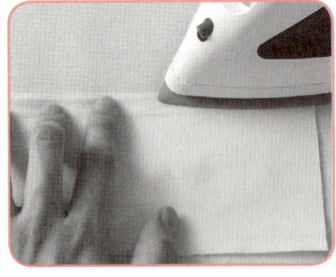

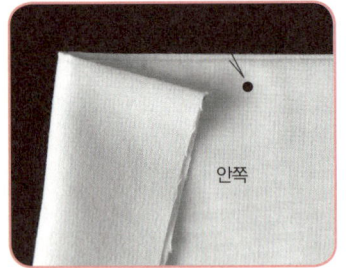

1 시접을 한쪽으로 모아 꺾는다 (p.48 참조).

2 안끼리 맞대고, 겉쪽에서 재봉선이 보이지 않도록 안쪽으로 0.1~0.2cm 정도 들어가게 해서(어긋나게 해서) 다리미로 눌러준다.

3 완성된 모습

모서리

> Point
> 모서리의 시접을 다리미로 확실히 접어 넣는다.

볼록한 모서리를 박아서 뒤집기

> Point
> 족집게의 집게 부분처럼 딱 맞물려진 상태가 되게 한다.

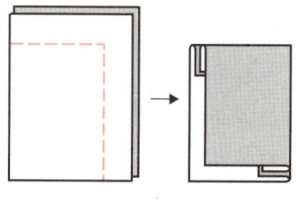

모서리 재봉하기

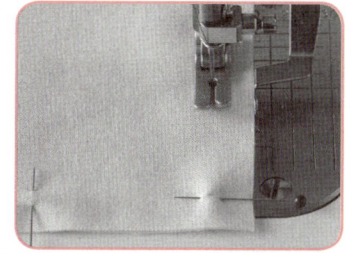

1 모서리 부분까지 박아준다.

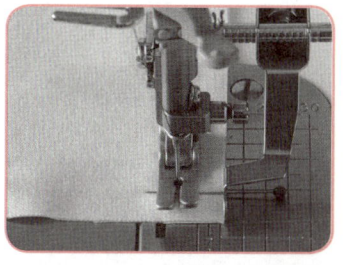

2 모서리에 바늘을 꽂은 상태에서 재봉을 멈춘다.

3 바늘이 꽂혀 있는 상태에서 노루발을 들어올린다.

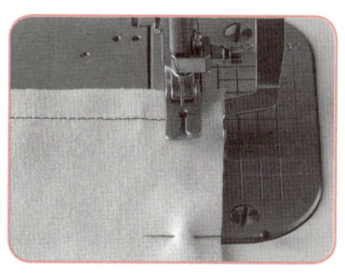

4 원단을 돌려서 방향을 바꾼다.

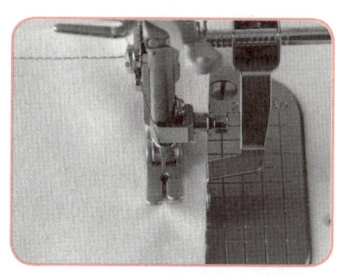

5 노루발을 내린다.

6 계속해서 재봉한다.

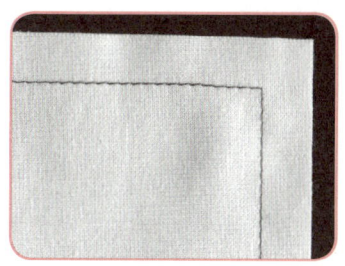

7 완성된 모습

> Tip
> 선을 긋지 않고 시접 폭을 정해서 재봉할 경우
> 모서리 위치에만 초크로 점을 찍어 표시를 해두면 알아보기 쉽고 모서리도 깔끔하게 재봉할 수 있다.
>
> **샤프형 초크펜슬**
> 심의 길이를 조절할 수 있고 원단에 맞춰 심 컬러를 바꿀 수 있다.

모서리 뒤집기

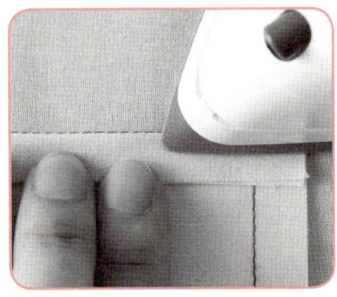  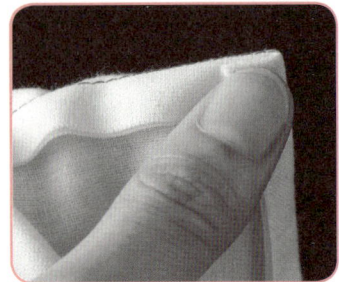

1 재봉선을 따라 시접을 안쪽으로 접는다.

2 다른 쪽도 안쪽으로 접어서 모서리 부분의 시접을 겹쳐 놓는다.

3 손가락을 안으로 넣은 다음, 모서리의 시접을 엄지와 검지에 끼워서 눌러 잡는다.

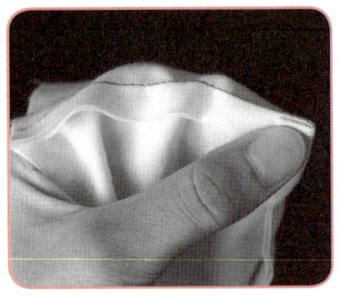 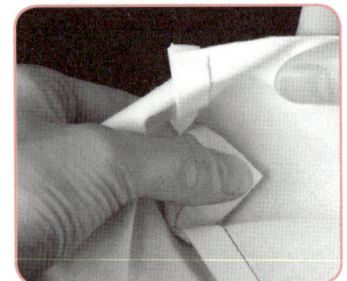

4 시접을 손가락으로 누른 상태에서 모서리를 잡아 빼는 느낌으로 하여 겉으로 뒤집는다.

 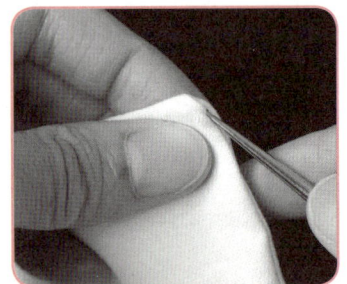 

5 송곳을 사용하여 모서리를 조금씩 꺼내어 정돈한다.

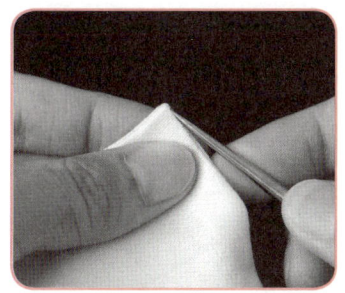 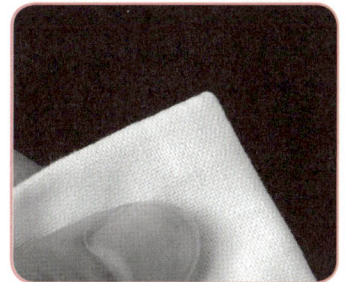 

6 완성된 모습

모서리 시접이 두꺼운 경우

원단에 두께가 있어서 접어 겹친 시접이 두꺼워진 경우에는 모서리의 시접을 자른다.

1 재봉선을 따라 접은 후 겹쳐서 두꺼워진 시접을 자른다. 모서리의 재봉선에서 0.2~0.3cm 정도만 남기고 자른다.

2 완성된 모습

재봉선 근처까지 바짝 자르면 올이 풀릴 수 있으므로 주의한다.

Plus info

모서리의 각을 잡아줄 때는 두꺼운 종이를 사용한다
엽서 정도 크기의 두꺼운 종이를 겉으로 뒤집은 모서리 안에 넣고 다려주면 시접 주위가 튀어 나오지 않고 깔끔한 각이 완성된다.

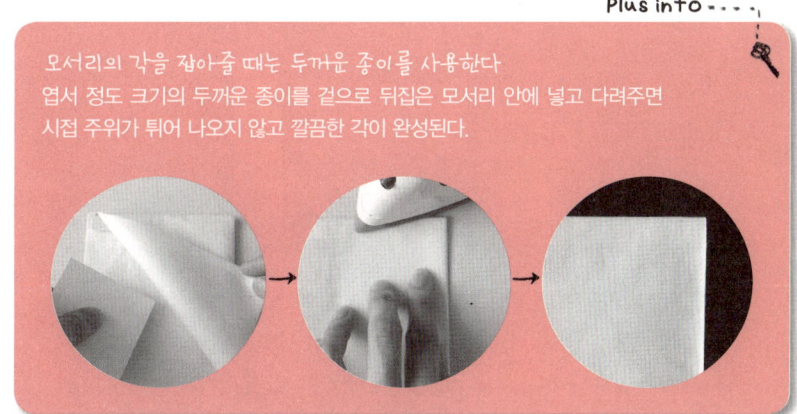

뾰족한 모서리를 박아서 뒤집기

> Point
> 접은 모서리의 시접을 더욱 확실히 접어 넣는다.

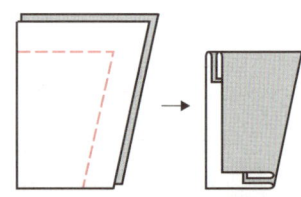

1 모서리를 재봉한다(p.55 참조).

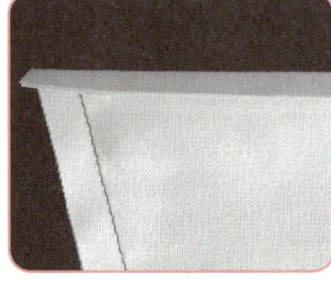

2 재봉선을 따라 시접을 안쪽으로 접는다.

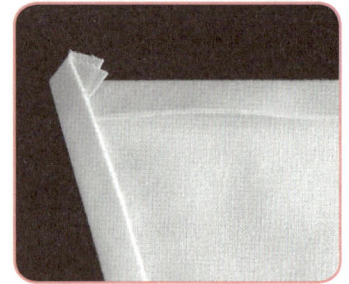

3 다른 쪽도 안쪽으로 접는다.

4 비어져 나온 모서리의 시접을 완성선 안쪽으로 모두 접어 넣는다.

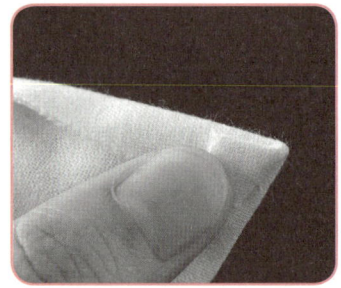

5 모서리의 시접을 손가락으로 누른 상태에서 겉으로 뒤집는다(p.56의 3, 4 참조).

6 송곳을 사용하여 모서리 부분을 깔끔하게 정돈한다(p.56의 5 참조).

Plus info

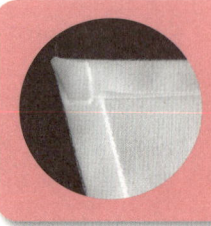

시접 접는 방법은 자유
모서리의 시접을 접는 순서와 접는 방법에는 정해진 원칙이 따로 없지만, 왼쪽 사진과 같이 안쪽의 시접을 완성선 안으로 깨끗하게 넣어주면 겉으로 뒤집었을 때 깔끔한 모서리가 나온다.

스티치를 할 경우

모서리 부분은 재봉하기가 쉽지 않으므로, 직접 손으로 풀리를 돌려가면서 천천히 재봉해준다.

 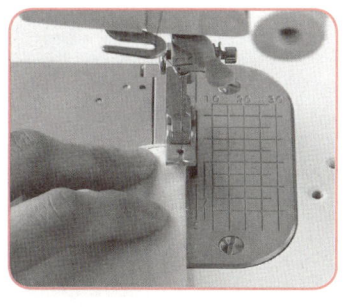 

1 모서리에서 바늘을 멈추고, 바늘이 꽂혀 있는 상태에서 방향을 바꿔준다.

2 오른손으로는 풀리를 돌리고 왼손으로는 원단을 밀어주면서, 천천히 1~2땀을 손으로 진행시킨다.

3 완성된 모습

모서리의 시접이 두꺼운 경우

원단에 두께가 있어서 접어 겹친 시접이 두꺼워진 경우에는 모서리의 시접을 자른다.

1 모서리를 재봉한다(p.55 참조).

2 재봉선을 따라 접은 후, 겹쳐서 두꺼워진 시접을 잘라준다.

3 시접을 손가락으로 누른 상태에서 겉으로 뒤집은 다음 모서리 부분을 정돈한다.

오목한 모서리를 박아서 뒤집기

Point 모서리의 시접이 당기지 않도록 가위집을 넣어준다.

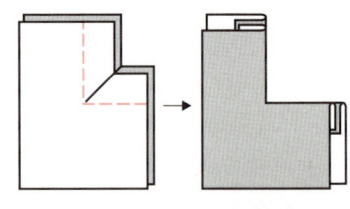

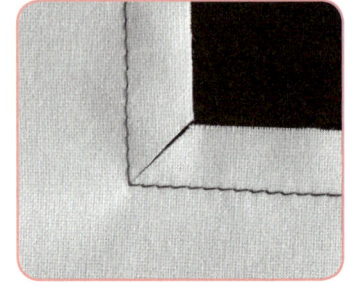

1 모서리를 재봉한다(p.55 참조).

2 모서리의 재봉선 근처까지 시접에 가위집을 넣는다.

3 재봉한 실을 자르지 않도록 주의한다.

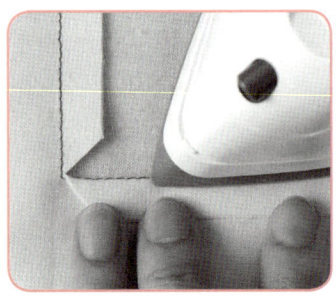
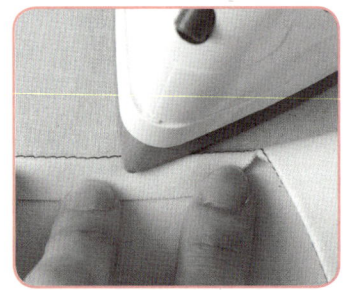
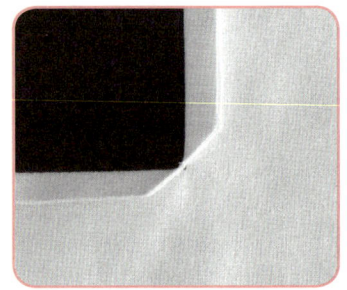

4 재봉선을 따라 시접을 안쪽으로 접는다.

5 다른 쪽도 똑같이 접어준다.

6 모서리의 시접이 풀리지 않도록 주의한다.

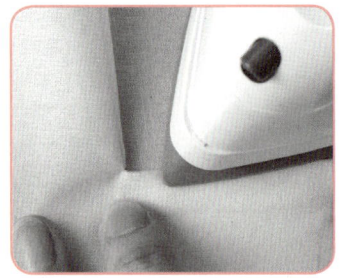
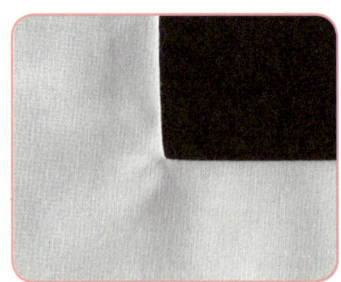

7 겉으로 뒤집어서 다리미로 정돈한다.

8 완성된 모습

모서리 보강

안쪽 면에 접착심이나 접착테이프를 붙인다
재봉하기 전에 가위집을 넣은 모서리의 안쪽 면에 접착심이나 접착테이프를 붙인다.

가장자리에 스티치하기
가위집을 넣었을 때는 스티치를 해주면 보강이 된다.

  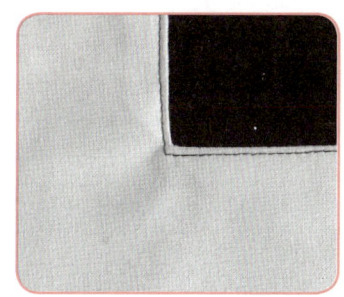

접착심. 모서리 부분에만 접착심을 붙인다.

재봉선에 0.2~0.3cm 정도 걸치게 해서 시접 부분에 접착테이프를 붙인다.

스티치하는 법은 모서리의 재봉법(p.59 참조)과 동일하다.

Tip
커터로 가위집 넣기
모서리 근처까지 가위집을 넣을 때는 커터를 사용하는 것이 편리하다.

커터
칼날 끝으로 가위집의 위치를 확인하고 나서 자를 수 있기 때문에 가위처럼 실수로 더 많이 자르게 되는 일이 없다.

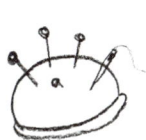

Plus info

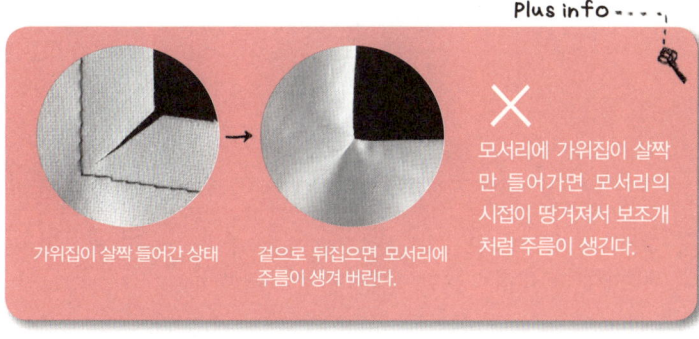

가위집이 살짝 들어간 상태 → 겉으로 뒤집으면 모서리에 주름이 생겨 버린다.

모서리에 가위집이 살짝만 들어가면 모서리의 시접이 땅겨져서 보조개처럼 주름이 생긴다.

 Basic
모서리 절개선

볼록한 모서리와 오목한 모서리 합봉하기

Point 모서리부터 재봉을 시작하고, 가위집을 넣은 쪽을 위로 오게 해서 계속 재봉해간다.

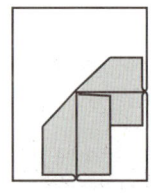 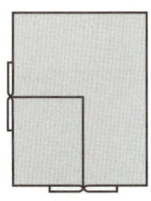

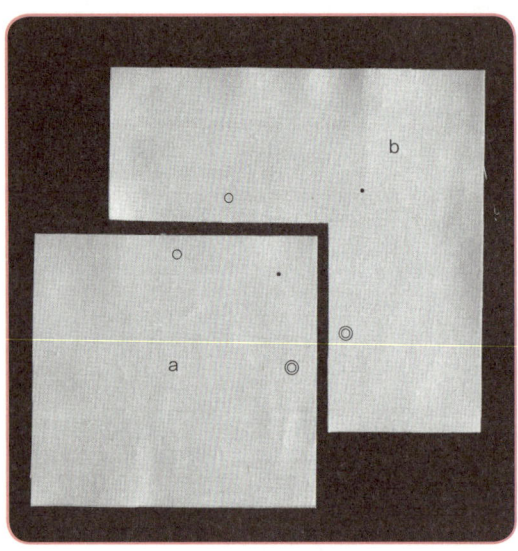

1 모서리가 될 위치에 각각 표시를 한다.

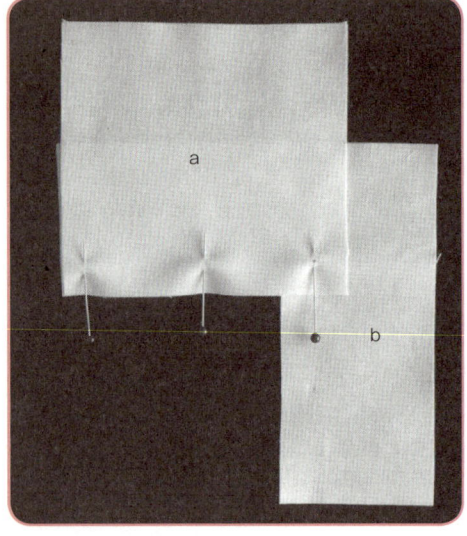

2 a, b의 O와 모서리 표시를 겉끼리 맞댄다.

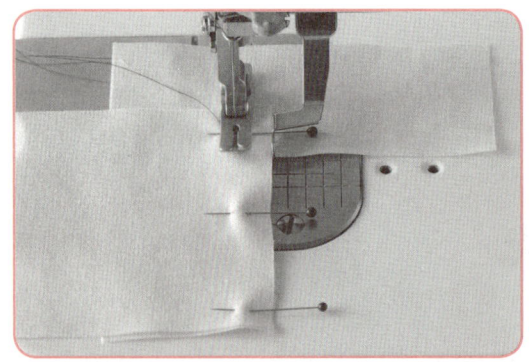

3 모서리 표시가 어긋나지 않도록 모서리에 바늘을 꽂고, 되돌아박기(p.42 참조)를 한 다음 계속해서 재봉한다.

4 마무리할 때도 되돌아박기를 한 다음 실을 잘라준다.

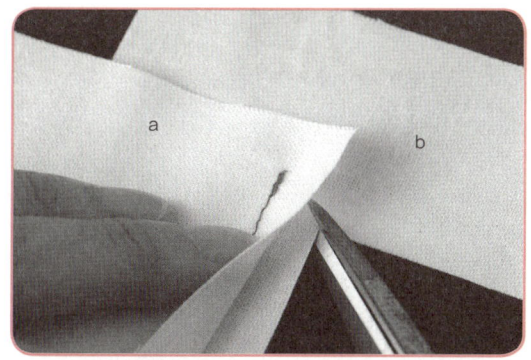
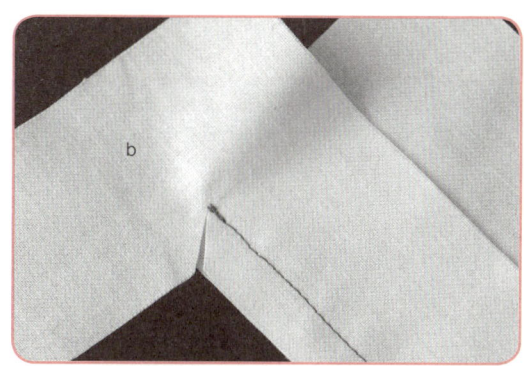

5 ◎를 재봉하기 위해서 b의 시접에만 모서리 재봉이 끝난 지점 근처까지 가위집을 넣어준다.

b쪽에서 본 모습

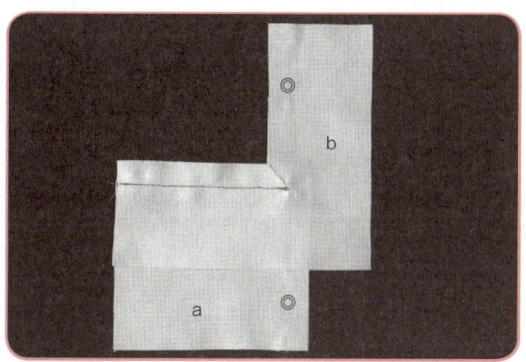
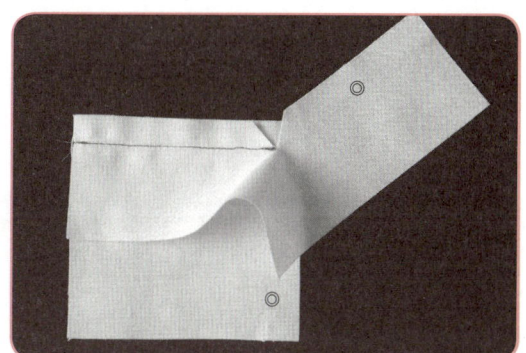

6 b의 가위집을 벌리고 원단을 회전시켜서 ◎를 맞춰준다.

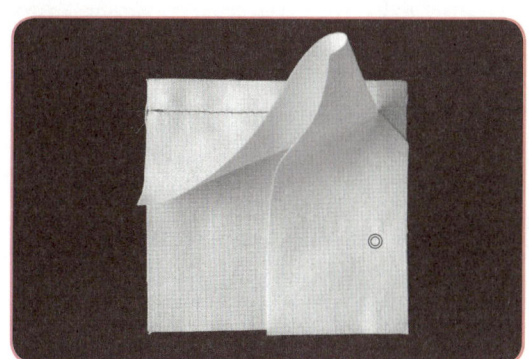
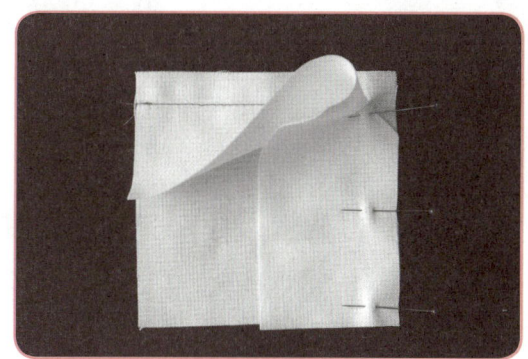

7 ◎끼리 위치를 맞춰준다.

8 ◎의 위치가 움직이지 않도록 시침핀으로 고정시켜준다.

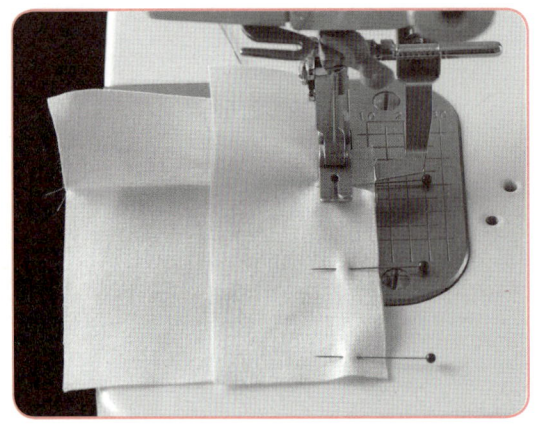

9 다시 모서리 표시에 바늘을 꽂은 다음 ◎도 같은 방법으로 재봉한다.

10 마무리할 때도 되돌아박기를 한 다음 실을 잘라준다.

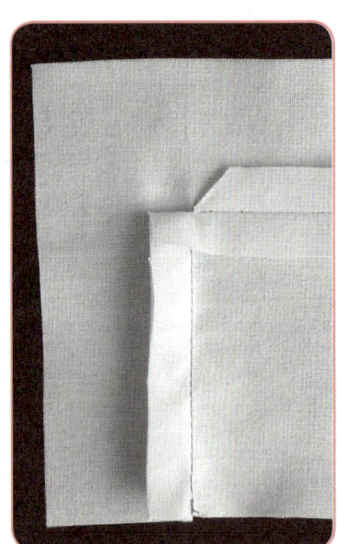
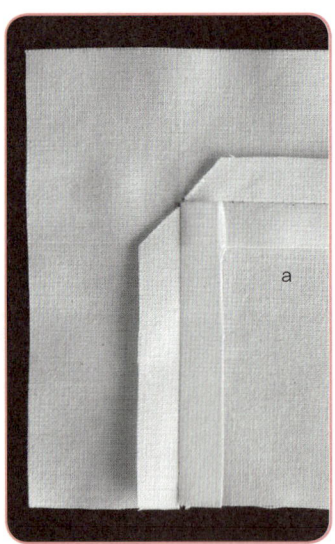
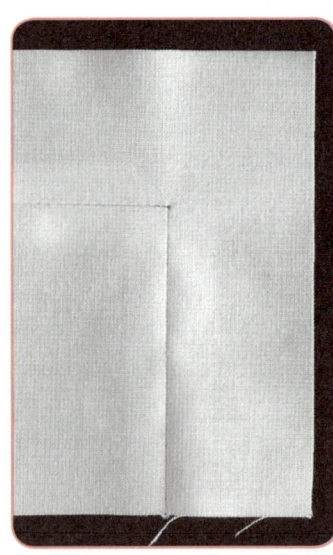

11 재봉선을 정돈하고 시접을 가른다(p.46 참조).

12 다른 한 쪽의 시접도 마저 갈라준다. 이때 a의 모서리의 시접은 절개선 안으로 들어가도록 접어 넣는다.

겉에서 본 모습

시접을 한쪽으로 모아 꺾을 경우

얇은 원단이나 보통 두께의 원단이라서 시접이 두껍지 않은 경우에는 시접을 한쪽으로 모아 꺾는다.

바깥쪽으로 모아 꺾기

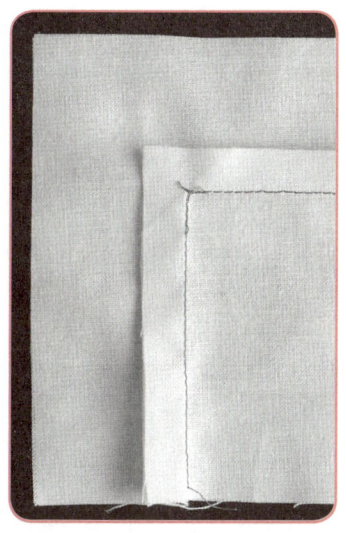
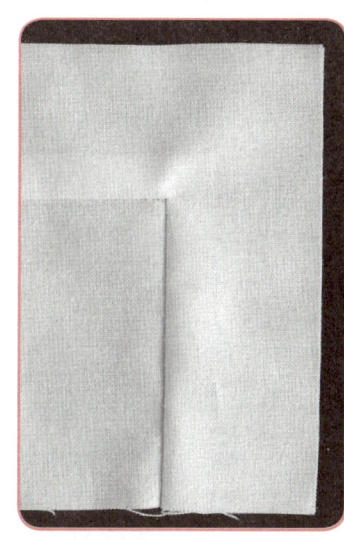
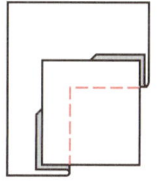
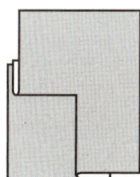

재봉선을 정돈하고 나서 시접을 바깥쪽으로 꺾는다.

겉에서 본 모습

Point
시접을 한쪽으로 모아 꺾으면, 꺾은 쪽의 완성선이 보강되기 때문에 어느 쪽으로 꺾느냐에 따라 보이는 모습이 달라진다.

안쪽으로 모아 꺾기

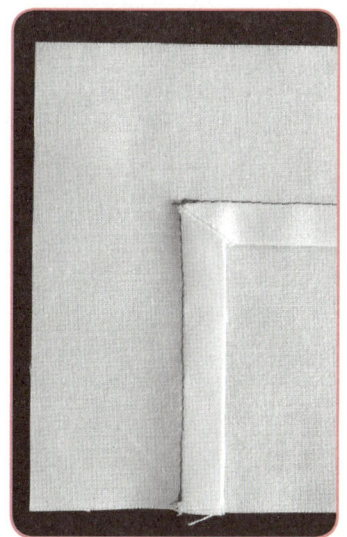
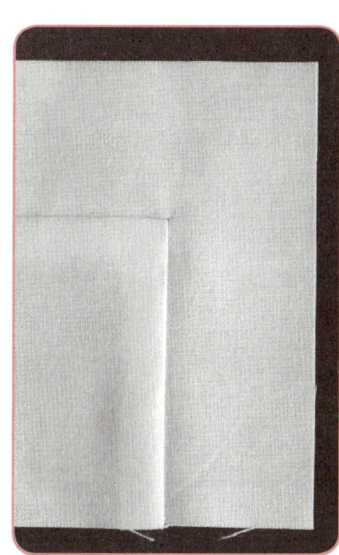
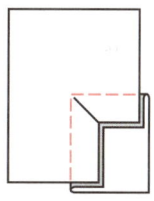
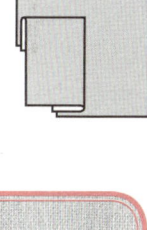

재봉선을 정돈하고 나서 시접을 안쪽으로 꺾는다.

겉에서 본 모습

가위집을 넣었던 모서리의 시접에 접착심을 붙여서 보강해줘도 좋다.

모서리와 직선

모서리와 직선 합봉하기

> Point
> 한쪽 시접의 모서리에 가위집을 넣고, 가위집을 넣은 쪽을 위로 오게 해서 재봉해준다.

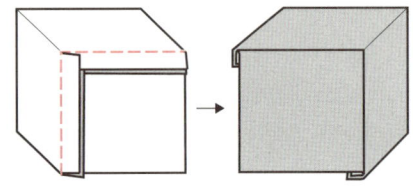

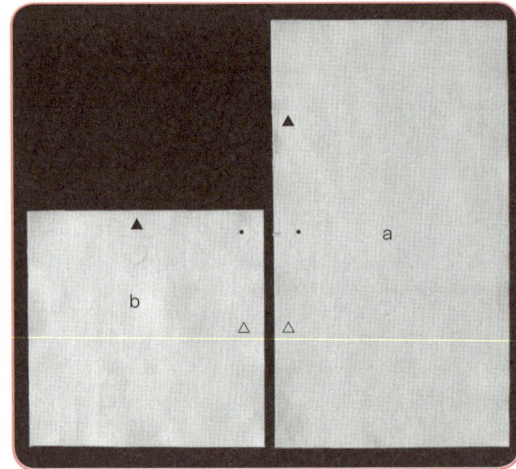

1 모서리가 될 위치에 표시를 한다.

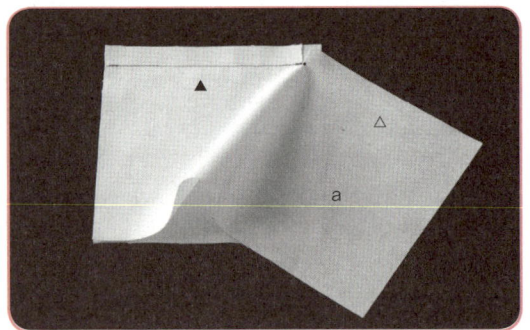

2 ▲를 겉끼리 맞대어 모서리까지 박아준 다음, a의 시접에만 모서리 재봉이 끝난 지점 근처까지 가위집을 넣어준다.

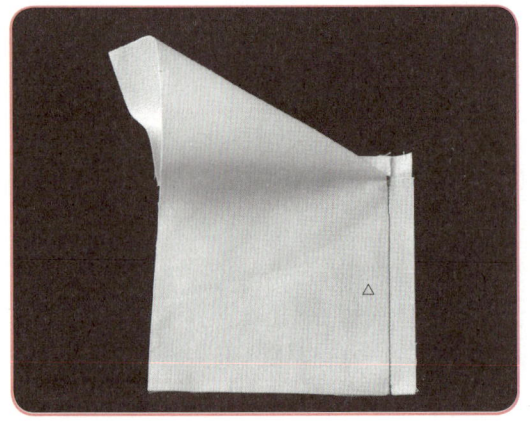

3 △를 맞춰서 박는다.

4 재봉선을 따라 시접을 b쪽으로 접어서 모은다.

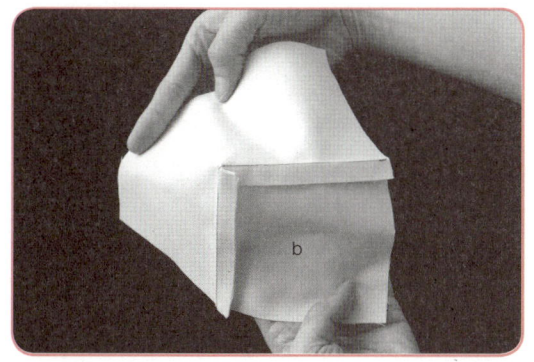

5 겉으로 뒤집는다.

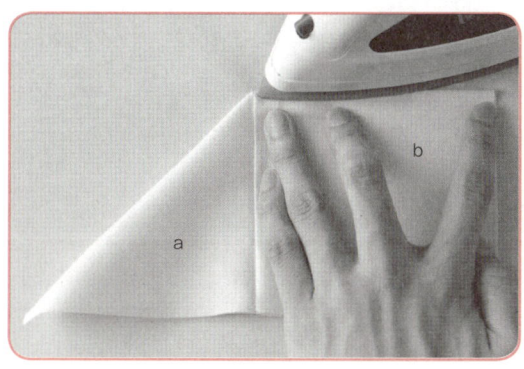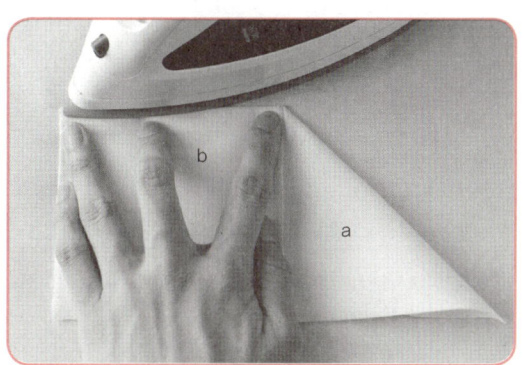

6 재봉선을 딱 맞춰서(p.54 참조) 다려준다.

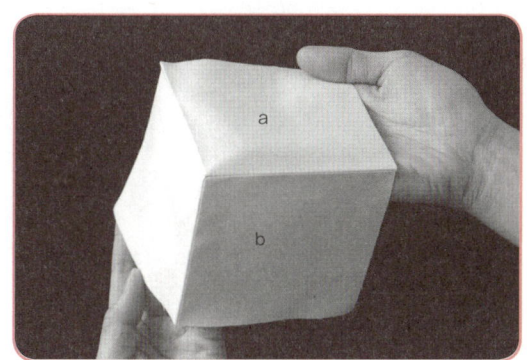

7 a에 각을 잡아주고 싶을 때는 ▲와 △의 재봉선을 맞춰서 접은 다음 다리미로 눌러준다.

각을 살려서 완성한 모습

곡선(凸)

볼록한 곡선을 박아서 뒤집기

Point 곡선은 방향을 조금씩 바꾸면서 재봉해간다.

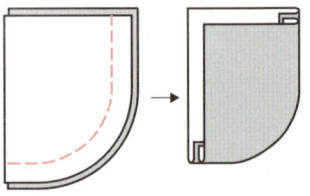

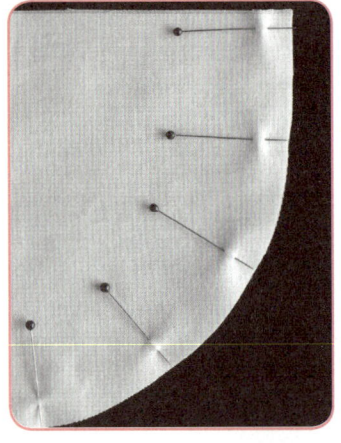

1 시침핀은 직선 재봉을 할 때보다 간격을 좁게 하여 넉넉하게 꽂는다.

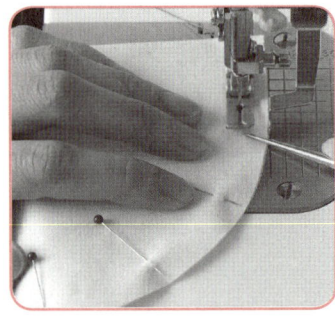

2 곡선은 한 번에 재봉하기 어려우므로 조금씩 박아나간다.

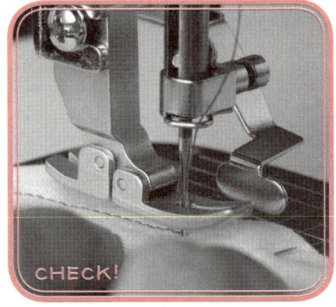

방향을 바꿀 때는 바늘을 원단에 꽂은 상태에서 노루발을 들어 올린 다음 원단을 움직이도록 한다.

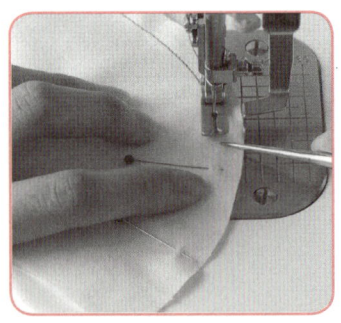

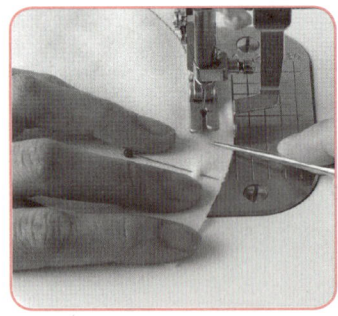

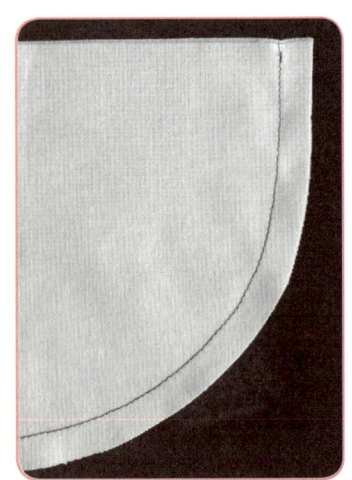

곡선이 깔끔하게 완성된 모습

곡선 뒤집기

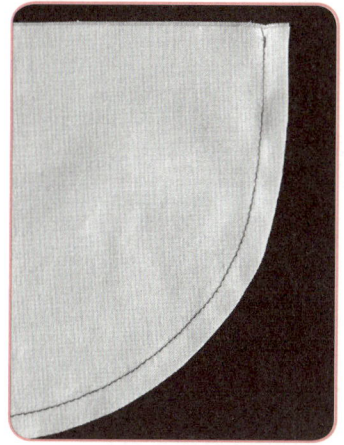
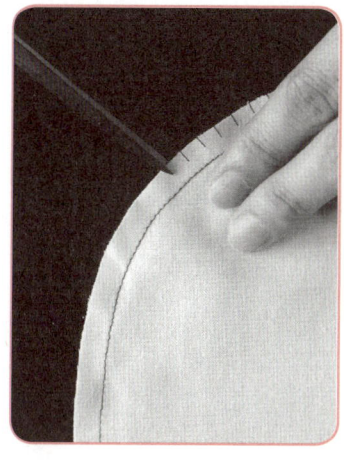
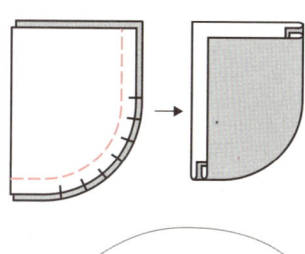

Point
가위집은 바늘땀과 수직이 되도록 넣어준다.
가위집의 깊이는 시접의 절반 정도로 한다.

1 시접은 0.5~0.7cm로 자른다.

2 짜임이 촘촘하고 튼튼한 원단 등의 빡빡한 곡선에는 가위집을 더 촘촘하게 넣어준다.

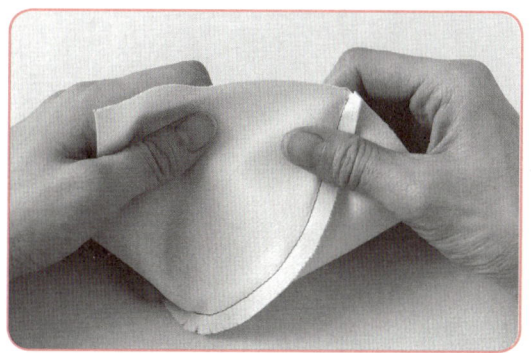
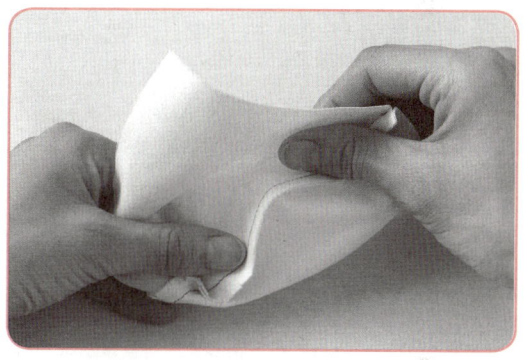

3 겉으로 뒤집는다.

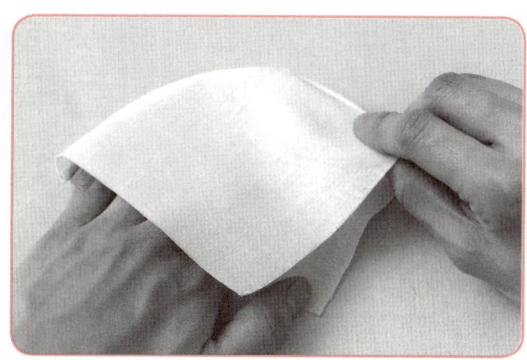
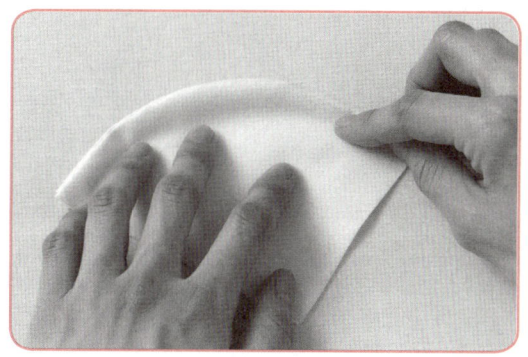

4 안쪽에서 손가락으로 밀어내듯이 하여 곡선을 깔끔하게 매만진다.

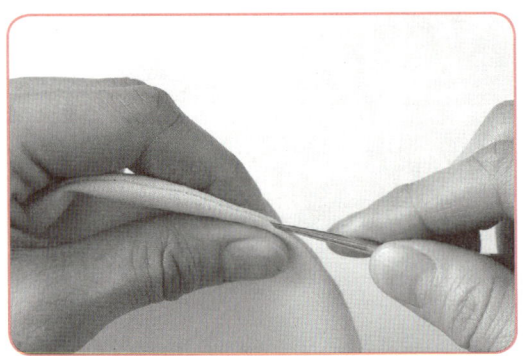

5 송곳을 사용하여 깔끔하게 정돈한다.

6 다리미로 꼼꼼히 다려준다.

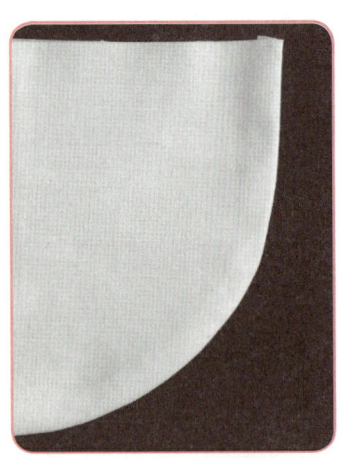

7 완성된 모습

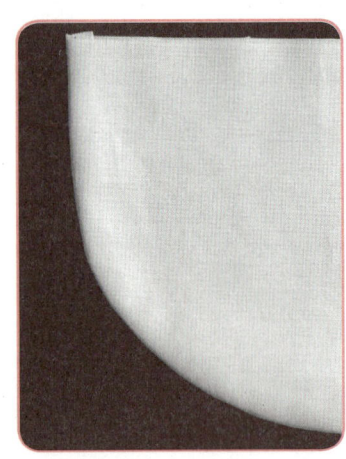

완성된 모습(안)

얇은 원단처럼 시접이 비치는 경우

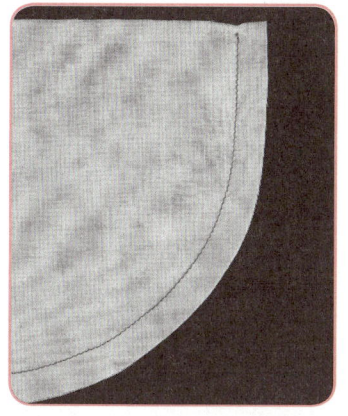

1 곡선을 재봉한다(p.68 참조).

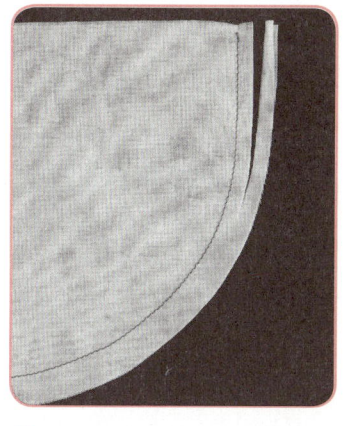

2 겉쪽에서 비쳐 보이는 시접에는 가위집을 넣지 말고, 0.5cm로 맞춰서 가지런히 자른다

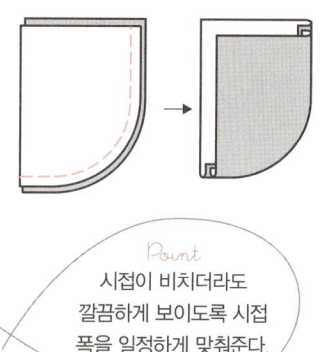

Point
시접이 비치더라도 깔끔하게 보이도록 시접 폭을 일정하게 맞춰준다.

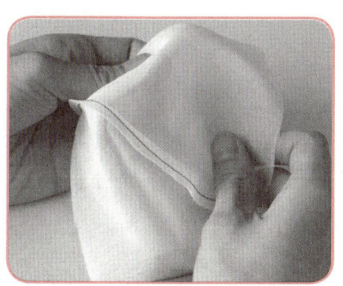

3 겉으로 뒤집는다.

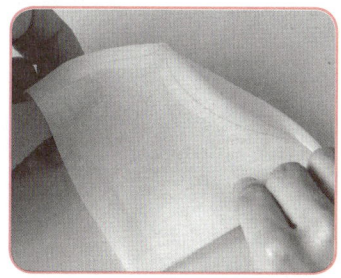

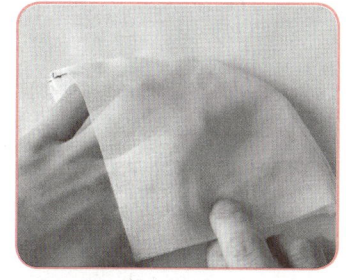

4 손끝으로 안쪽에서 곡선을 매만진다.

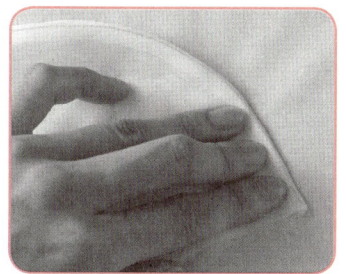

5 재봉선을 밀어내는 느낌으로 곡선을 정돈한다.

6 양쪽 원단의 끝을 잘 맞춰서 다림질을 한다.

7 완성된 모습

두꺼운 원단처럼 시접이 두꺼운 경우

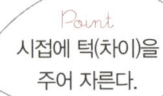
Point 시접에 턱(차이)을 주어 자른다.

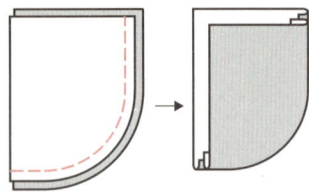

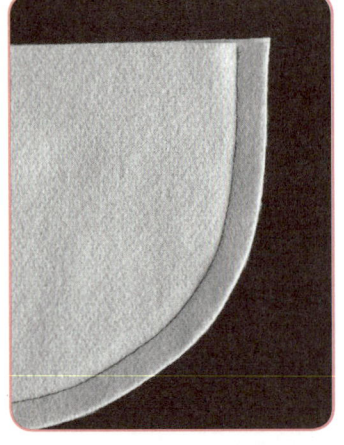
1 곡선을 재봉한다(p.68 참조).

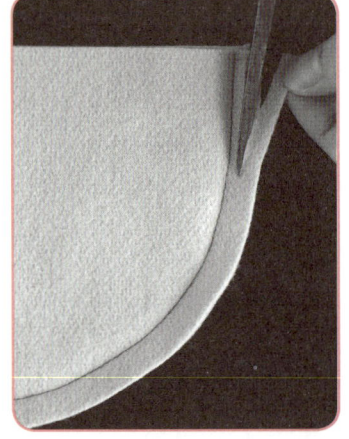
2 시접 한 장을 0.3cm 정도의 폭으로 자른다.

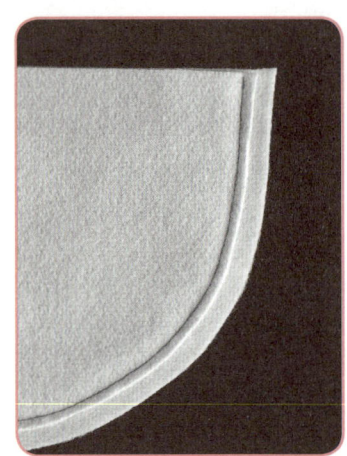

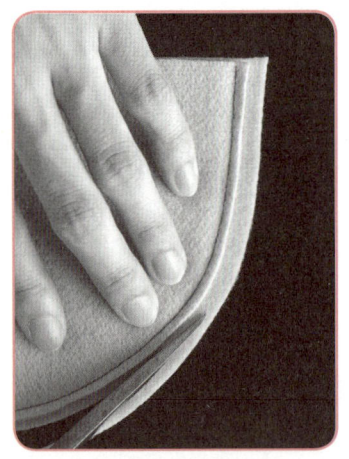
3 다른 한쪽은 0.7cm 정도의 폭으로 잘라준다.

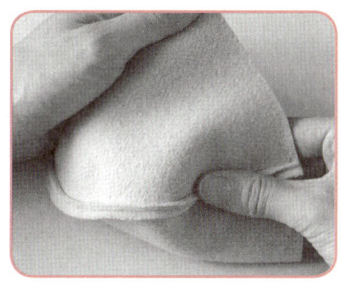
4 시접을 밀어내는 느낌으로 하여 겉으로 뒤집는다.

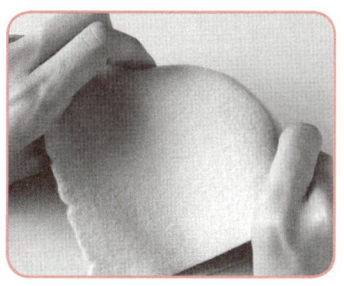
5 손가락으로 재봉선을 따라 모양을 다듬어가며 곡선을 내어준다.

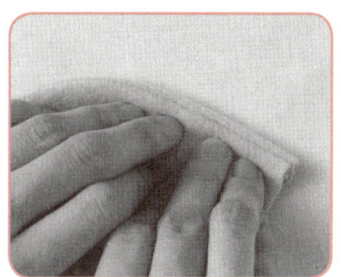
6 시접으로 재봉선을 밀어내듯이 하여 손가락으로 매만진다.

7 시접으로 재봉선을 밀어내듯이 하여 곡선을 정돈해간다.

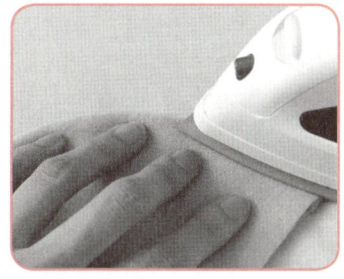
8 다리미로 꼼꼼히 다려준다.

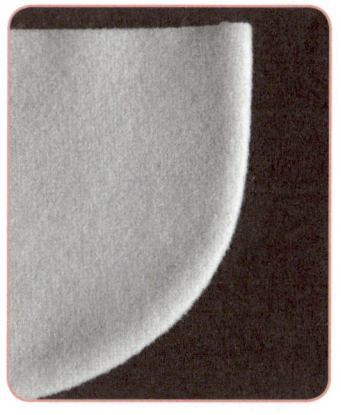
9 완성된 모습

마무리로 스티치를 할 경우

> *Point*
> 시접은 스티치 폭에 들어가는 폭으로 하여 두 장을 똑같은 폭으로 자른다.

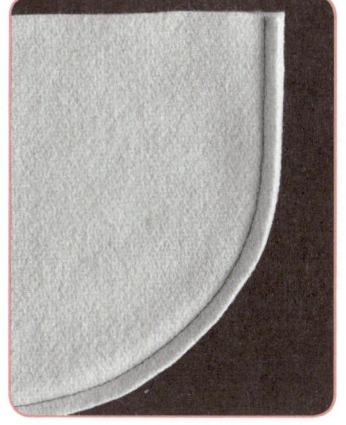
1 시접은 스티치 폭에 들어가는 폭으로, 두 장을 함께 자른다.

2 시접이 스티치 안에 들어가서 볼록하고 깔끔하게 완성되었다.

특히 두꺼운 원단의 경우(울 원단)

> **Point** 다리미로 두툼한 시접을 눌러서 깔끔하게 완성한다.

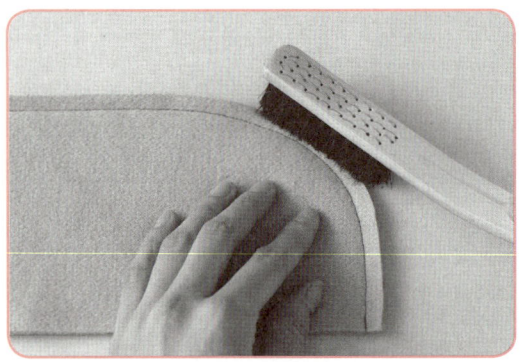

1. 시접 부분에만 솔로 물을 발라준다.

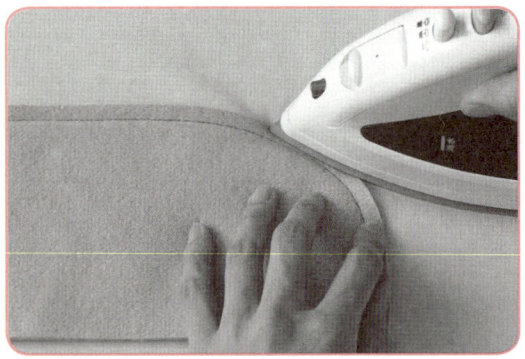

2. 건식 다리미로 약간 압력을 주면서 시접을 눌러준다.

3. 시접이 얇게 정돈된다.

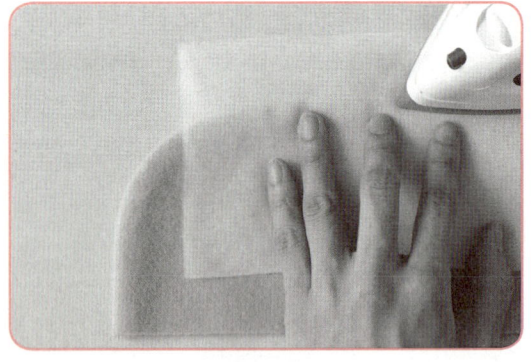

4. 겉으로 뒤집어서(p.73 참조) 다림질을 한다. 이때 다른 천을 대고 다리면 원단이 상하지 않는다.

부분적인 곡선의 경우

> **Point**
> 곡선이 강한 부분의 시접을 바짝 자른다.

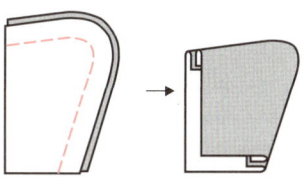

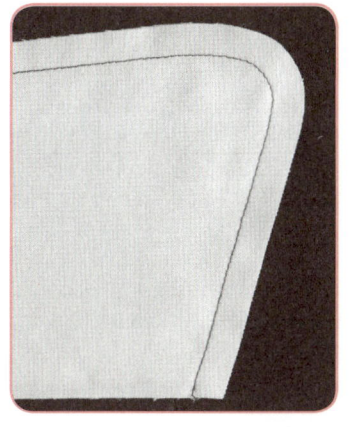

1 곡선을 재봉한다(p.68 참조).

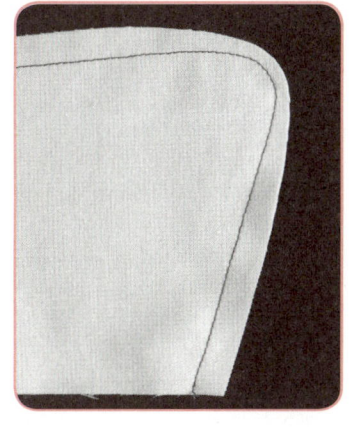

2 곡선이 강한 부분의 시접을 0.3cm 정도만 남기고 자른다.

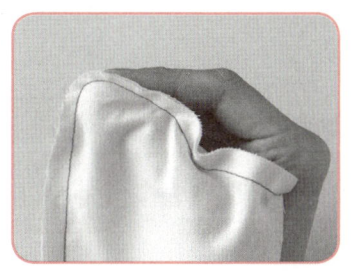

3 손가락으로 곡선 부분을 눌러 접고, 그대로 빼내듯이 하여 겉으로 뒤집는다.

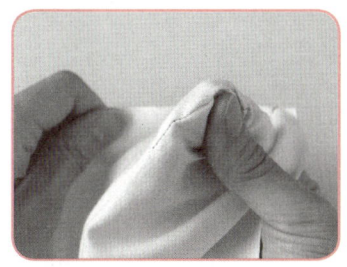

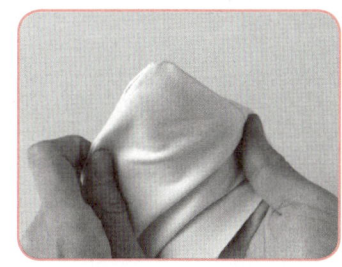

4 안쪽에서 손끝으로 곡선 부분을 내어준다.

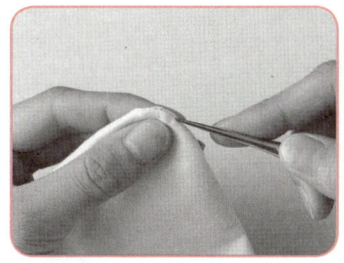

5 송곳을 사용해서 곡선 부분을 조금씩 가지런히 정돈해간다.

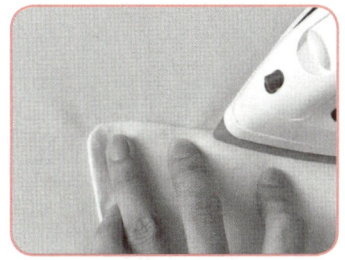

6 다리미로 눌러준다.

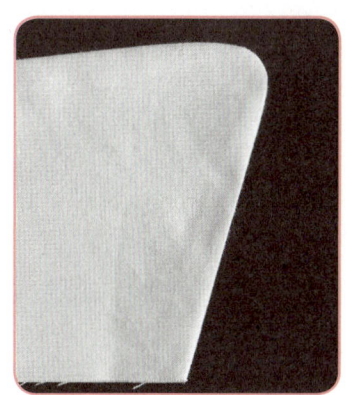

7 완성된 모습

곡선(凹)

오목한 곡선을 박아서 뒤집기

가위집은 시접 폭의 절반 정도까지 넣어주는데, 간격을 좁게 해서 넣으면 겉으로 뒤집었을 때 곡선이 완만하고 깔끔해진다.

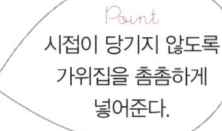

Point
시접이 당기지 않도록 가위집을 촘촘하게 넣어준다.

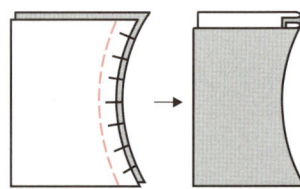

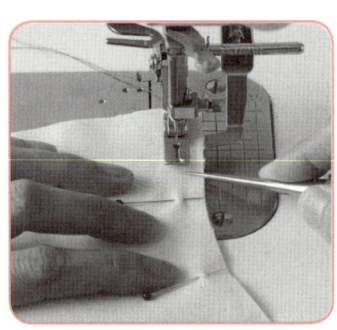

1 곡선을 재봉한다(p.68 참조).

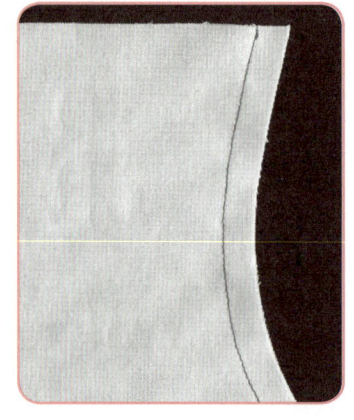

2 재봉선을 다리미로 정돈한다 (p.46 참조).

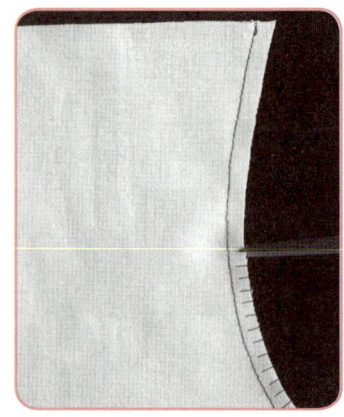

3 시접을 0.5cm 정도로 자른 다음 가위집을 촘촘하게 넣어준다.

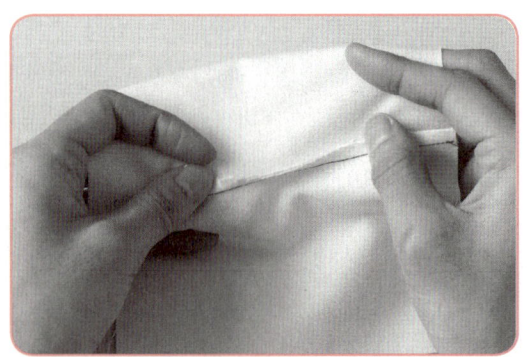

4 겉으로 뒤집는다.

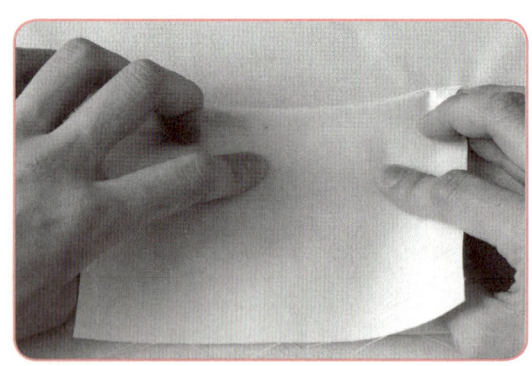

5 재봉선이 늘어나지 않도록 주의한다.

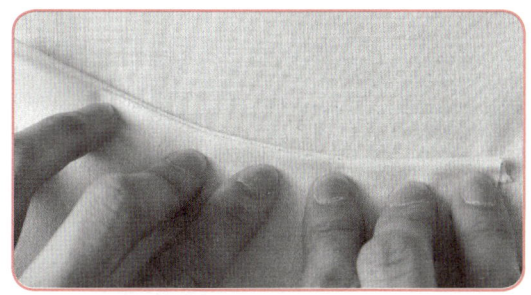

6 시접으로 재봉선을 밀어내듯이 해서 곡선을 정돈해 간다.

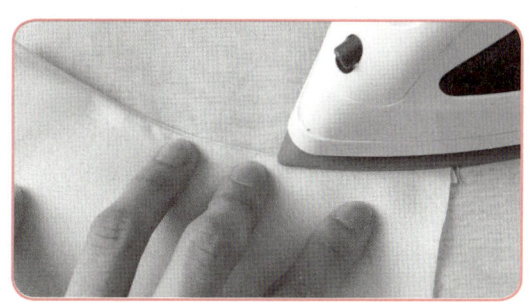

7 재봉선을 다리미로 눌러준다.

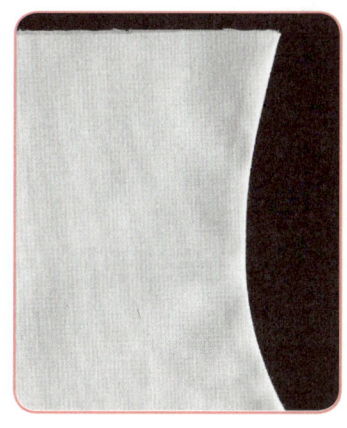

8 완성된 모습

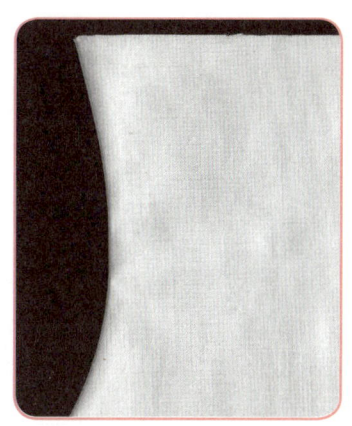

완성된 모습(안)

부분적인 곡선의 경우

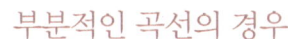

Point
시접을 바짝 자른 다음 가위집을 넣어준다.

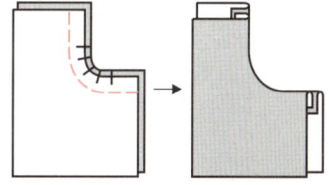

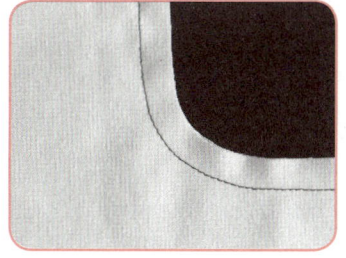

1 곡선을 재봉한다(p.68 참조).

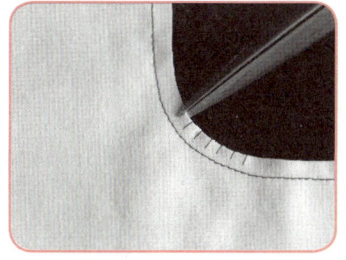

2 시접을 0.4~0.5cm 정도로 자른 다음 곡선 부분에 가위집을 촘촘하게 넣어준다.

3 겉으로 뒤집은 다음 다리미로 눌러준다.

Basic
곡선 절개선

Point 재봉할 맞춤표시를 패턴 위에 정확하게 표시해둔다.

볼록한 곡선과 오목한 곡선 합봉하기

Point 시접 폭은 좁은 편이 재봉하기 쉽다. 시침핀은 가위집을 넣으면서 꽂아준다.

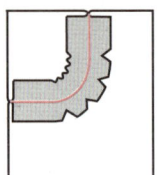
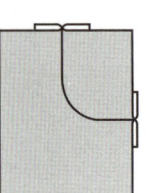

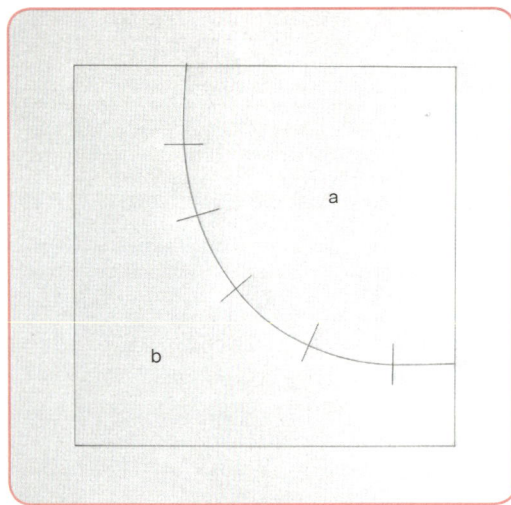

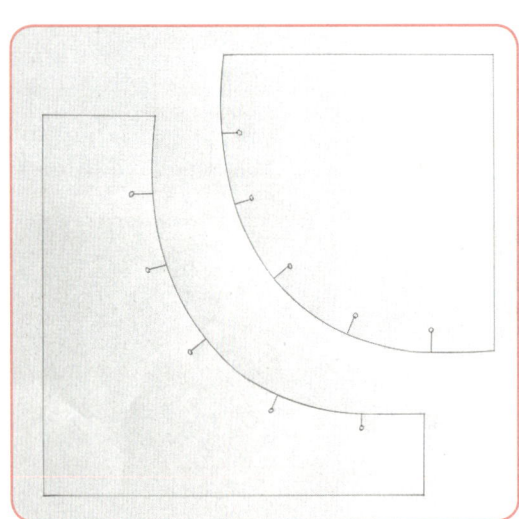

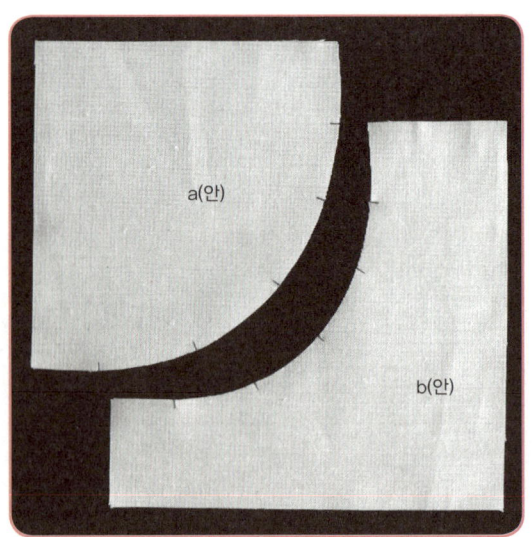

재봉할 a, b의 맞춤표시를 패턴 위에 정확하게 표시해둔다.

시접은 0.7cm 정도로 맞춰서 재단한다.

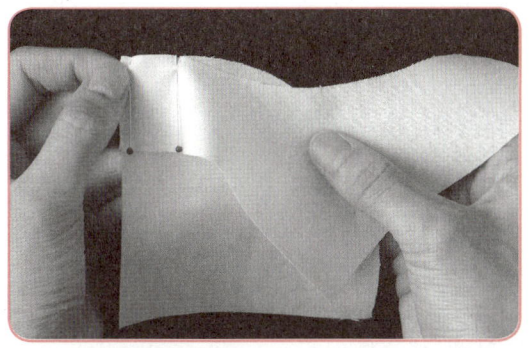
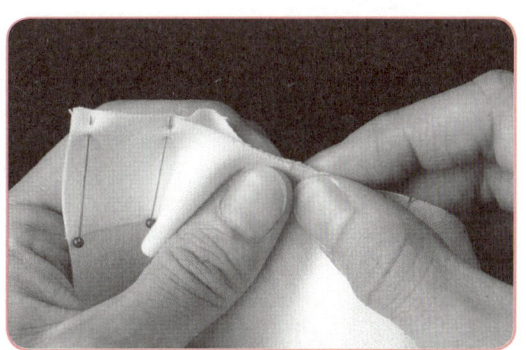

2 a, b를 겉끼리 맞댄다. 재단선을 맞춰가면서 b쪽에서 맞춤표시에 시침핀을 꽂는다.

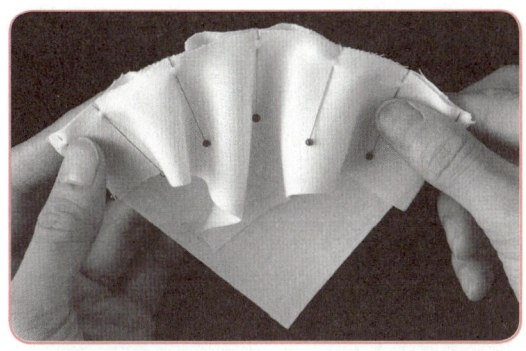

3 a, b의 재봉선의 거리는 같지만 곡선이 반대로 되어 있어서 시접 단의 치수는 안 맞는 상태이다.

4 b의 시접에만 촘촘하게 가위집을 넣는다. 가위집의 깊이는 시접 폭의 절반 정도까지로 한다.

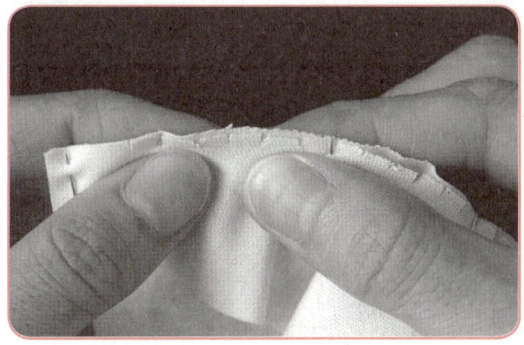
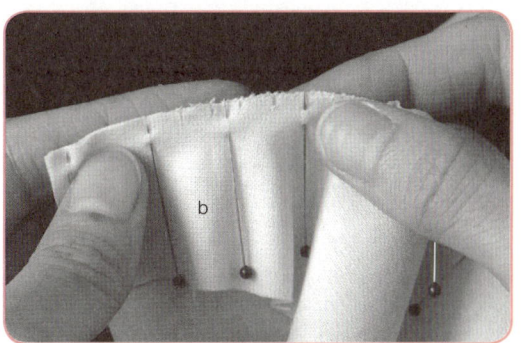

5 a의 시접 단과 b의 단을 가위집을 벌려가면서 맞춘 뒤에 시침핀을 꽂아준다.

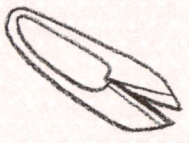

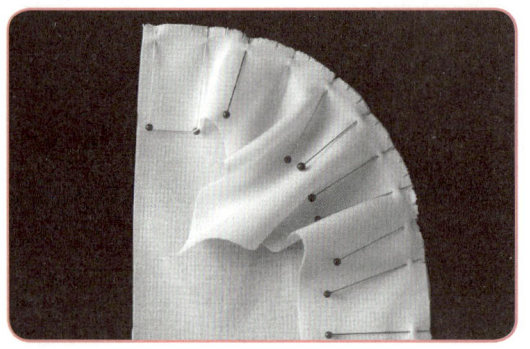

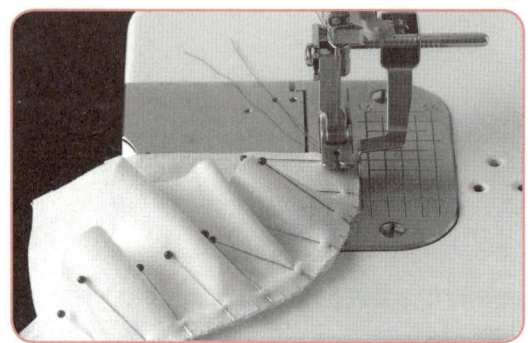

6 b를 위로 오게 해서 재봉한다.

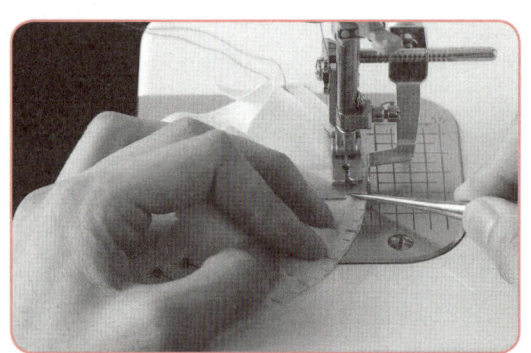

7 시침핀을 촘촘하게 꽂아 놓았어도 재봉선이 들떠있기 때문에 송곳으로 눌러가면서 박아주면 재봉하기 쉬워진다.

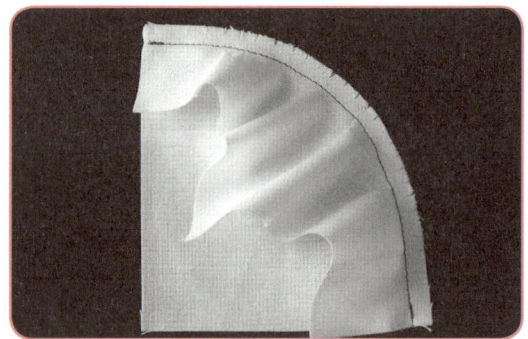

8 완성된 모습

9 재봉선을 다리미로 정돈한다.

10 다리미 앞부분으로 조금씩 눌러가면서 시접을 가른다.

11 완성된 모습(안)

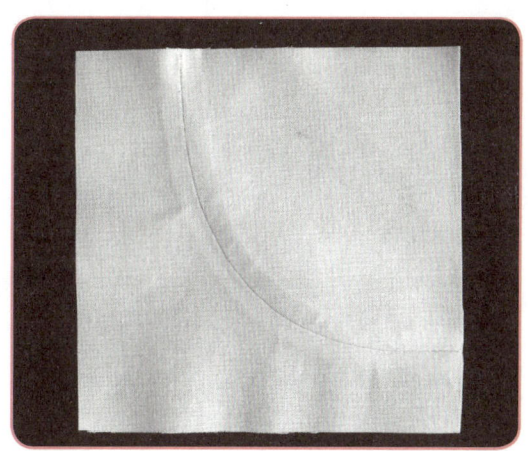

완성된 모습(겉)

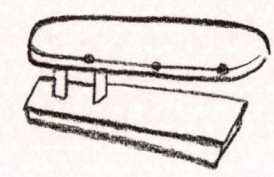

시접을 한쪽으로 모아 꺾을 경우

Point 시접을 살짝 갈라주었다가 한쪽으로 모아 꺾는다.

바깥쪽으로 모아 꺾기

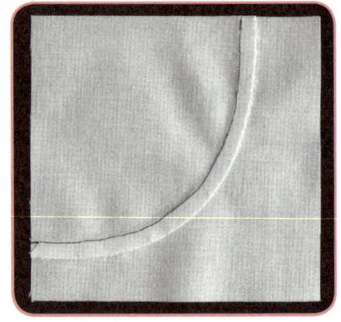  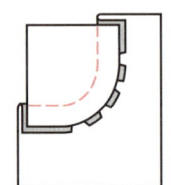 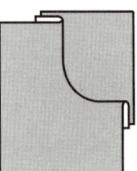

재봉선을 정돈한 뒤에 시접 두 장을 함께 바깥쪽으로 꺾는다.

겉에서 본 모습

안쪽으로 모아 꺾기

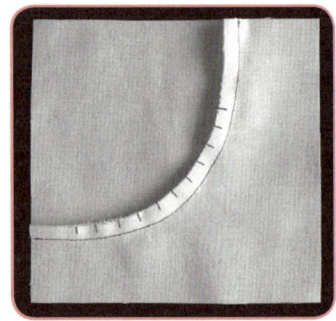 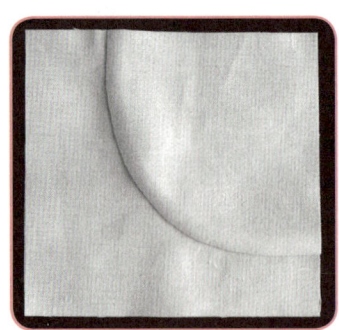 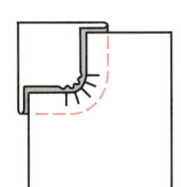 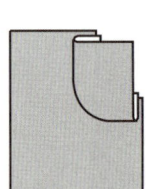

재봉선을 정돈한 뒤에 시접 두 장을 함께 안쪽으로 꺾는다.

겉에서 본 모습

 Basic
곡선과 직선

원통형 바닥을
박아서 뒤집기

Point
맞춤표시를 정확하게
맞추고 시침핀을 넉넉하게
꽂아준다.

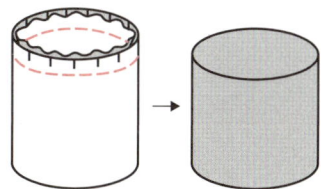

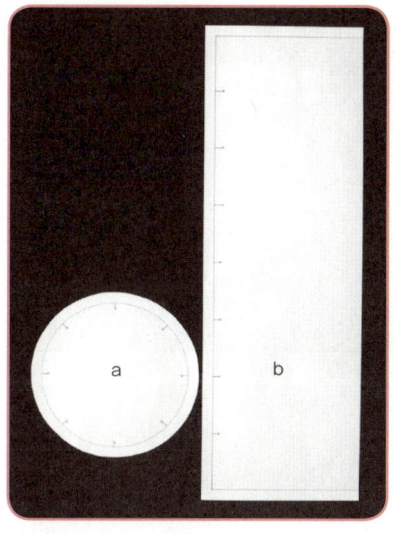

재봉할 a, b의 맞춤표시를 패턴 위에 정확하게 표시해둔다.

1 시접 폭은 좁은 편이 재봉하기 쉽다. 0.7cm 정도로 맞춰서 재단한다.

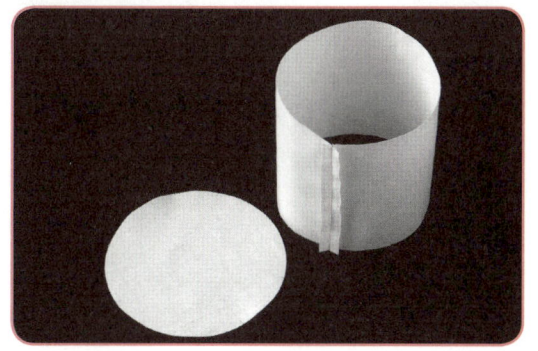

2 b는 원통형으로 박는다(p.50 참조).

3 a, b의 재봉선을 겉끼리 맞댄 다음 맞춤표시를 맞춰서 시침핀을 꽂는다(p.79 참조).

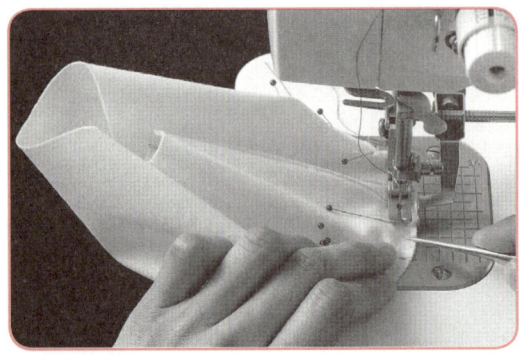

4 b를 위로 오게 해서 재봉선을 따라 박아준다.

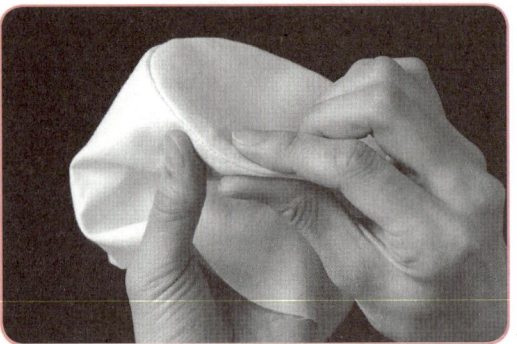

5 겉으로 뒤집은 다음 안쪽에서는 손가락으로 시접을 밀어내듯이 하고, 바깥쪽에서는 끌어내듯이 해서 재봉선을 정돈한다.

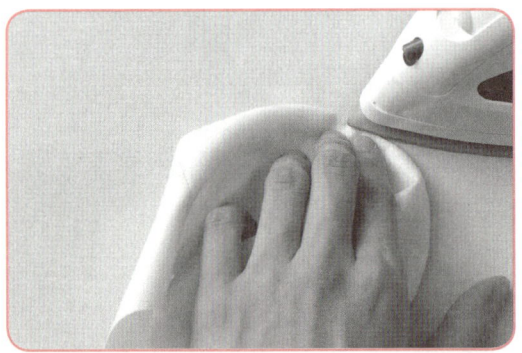
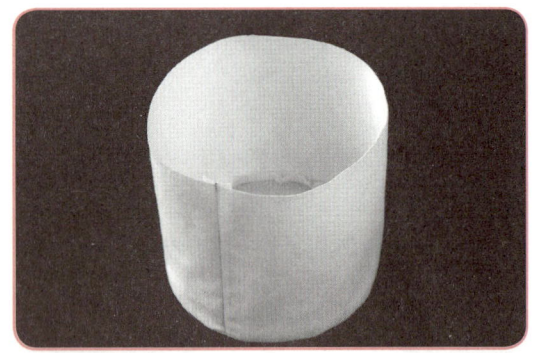

6 a의 바닥 부분을 아래로 오게 한 다음 곡선의 재봉선에 조금씩 다리미를 대서 각을 잡아준다.

7 완성된 모습

깔끔하게 마무리하기 위해서

마무리하는 데에 조금만 더 신경을 쓰면 완성도가 높아진다.
안 보이는 부분이라고 대충하게 되면 다음과 같은 상태가 된다.

시접 폭을 넓게 한 상태에서 겉으로 뒤집은 경우

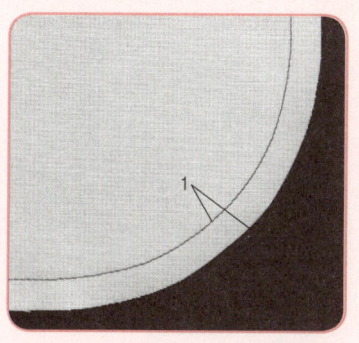 →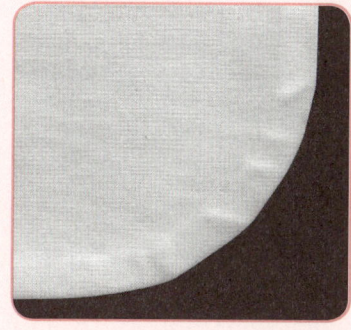

 시접 폭이 겹쳐서 울퉁불퉁해지고 겉쪽에도 표가 난다.

얇은 원단, 비치는 소재에 시접 폭이 가지런하지 않은 경우

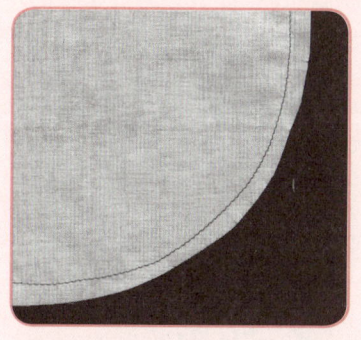 →

 깔끔하게 재봉했더라도 가지런하지 않은 시접이 비쳐 보이면 곡선이 깔끔해 보이지 않는다.

가위집이 들쑥날쑥한 경우

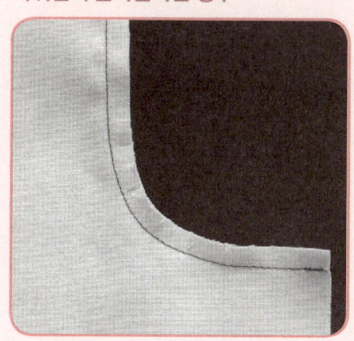 →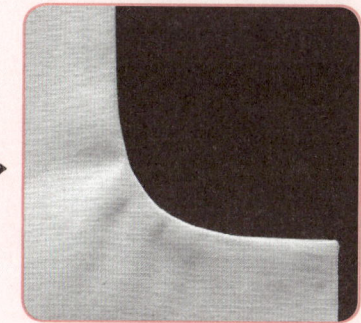

 가위집을 넣은 위치가 울어서 곡선이 깔끔하게 되지 않는다.

안감을 대지 않고 한 겹으로 만들 때는

안쪽이 보이기 때문에 시접 처리를 잘 해주어야 합니다.

용도에 따라서는 재봉선을 보강해주기도 하며

스티치를 해주면 장식이 되기도 한답니다.

디자인에 맞춰서 어떻게 처리할 것인지 생각해보는 것도 좋겠지요.

대개 잘 보지 않는 일반 의류나 가방, 소품 등의

안쪽을 살펴보는 것도 재미있는 일이랍니다.

PART 5

시접 및 접단 처리

지그재그 재봉 ----- 88
오버로크 재봉 ----- 90
시침박기 ----- 92
끝단박기 ----- 93
넘솔 ----- 95
쌈솔 ----- 96
통솔 ----- 98
접어박기 ----- 99
두 번 접어박기 ----- 102

 Basic
지그재그 재봉

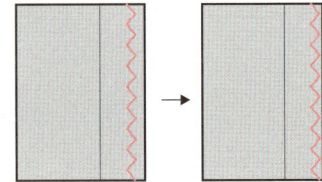
Point
반드시 여분의 원단으로 테스트 재봉을 한다.

바늘땀이 지그재그로 생기기 때문에 재단선이 풀리는 것을 방지한다. 원단에 따라 재봉법이 달라진다.

원단 안쪽에 할 경우

원단 한 장에 지그재그 재봉을 할 때 지그재그로 생기는 실이 당겨져서 박으면 원단이 줄어드는 경우가 있다.
그 때문에 특히 얇은 원단이나 부드러운 원단의 경우에는, 올이 가지런하고 안정되어 있는 원단의 안쪽에 지그재그 재봉을 하고, 그 후에 여분의 원단을 잘라준다.
따라서 재봉 후에 자르는 만큼 시접이나 접단은 넉넉하게 주도록 한다.

1 재단선에서부터 많이 준 시접 분량(0.5~1cm)의 안쪽에 되돌아박기를 한 땀 해준 뒤에 지그재그 재봉을 한다.

2 지그재그 재봉을 해준 단에서 바늘땀을 자르지 않도록 조심하면서 원단을 잘라낸다.

3 바늘땀은 다리미로 정돈해준다.

원단의 재단선에 할 경우

두꺼운 원단이나 튼튼한 원단의 경우에는, 시접이나 접단 폭을 자른 뒤에 지그재그 재봉을 한다. 지그재그의 한쪽 끝이 재단선 가까이에 붙도록 재봉해준다.

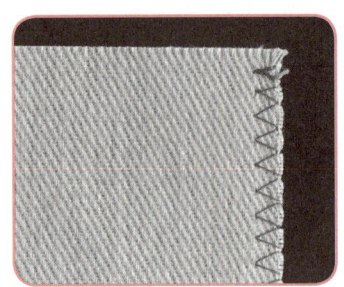 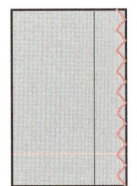

전자 머신
부라더 ES-2400
가정용 컴퓨터 머신

시접 가르기

재봉하기 전에 미리 재단선에 지그재그 재봉을 해서 처리해도 된다.

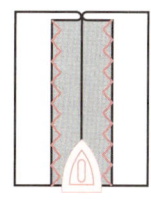 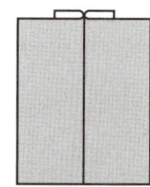

1 재봉한 다음 재봉선을 다리미로 정돈한다(p.46 참조).

2 시접을 벌리고 재단선에 한쪽씩 지그재그 재봉을 해준다.

3 시접을 가른다(p.46 참조).

시접 모아 꺾기

얇은 원단 등은 두 장을 함께 지그재그 재봉을 해서 한쪽으로 모아 꺾는 편이 깔끔하고 튼튼하다.

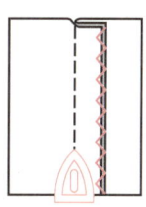 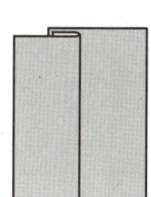

1 시접 두 장을 함께 지그재그 재봉을 한다.

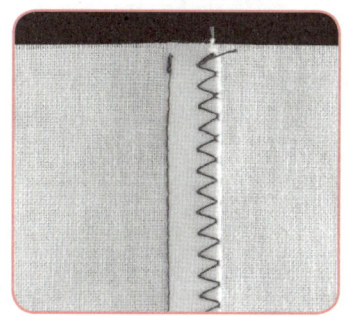

2 시접을 한쪽으로 모아 꺾는다 (p.48 참조).

오버로크 재봉

3색실이나 4색실을 사용하여 사슬뜨기로 감쳐서 처리하는 방법.
사슬뜨기는 박았을 때 줄어들지 않으므로, 소재에 상관없이 원단의 재단선에 해줄 수 있다.
또한 머신에 달려 있는 커터로 단을 재단하면서 오버로크 재봉을 할 수 있다.
그 경우에는 그만큼 넉넉하게 시접이나 접단을 주도록 한다.

3색실 오버로크

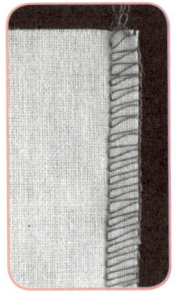 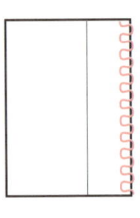 

4색실 오버로크

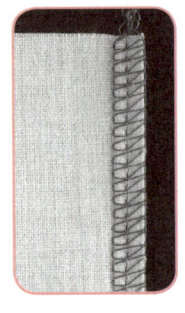  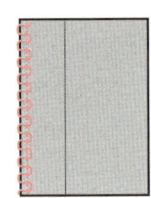

오버로크를 한 모습

오버로크 재봉은 되돌아박기를 할 수 없기 때문에 시작과 끝부분에 실꼬리를 7~8cm 정도 남겨둔다.

실꼬리 정리하는 법

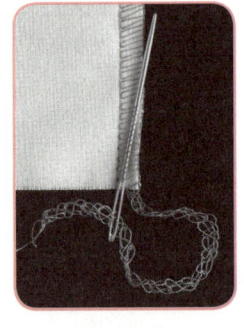 

길게 남겨두었던 실꼬리를 돗바늘에 끼워서 오버로크 한 부분에 통과시킨 다음, 여분의 실을 잘라준다.

오버로크 머신
부라더 M-3034D Lock
3색실, 4색실 오버로크를 할 수 있다.

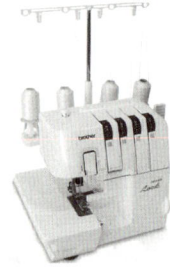

시접 가르기

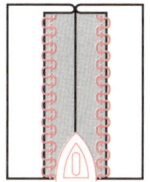 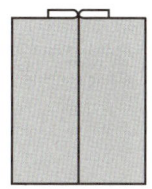

1 시접을 벌리고 재단선에 한쪽씩 오버로크 재봉을 한다.

2 시접을 가른다(p.46 참조).

시접 모아 꺾기

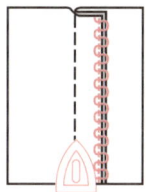 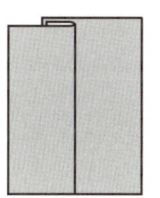

1 시접 두 장을 함께 오버로크 재봉을 한다.

2 재봉선을 정돈하고 시접을 한쪽으로 모아 꺾는다(p.48 참조).

4색실 오버로크로 시침질하기

4색실 오버로크는 본봉도 겸하기 때문에 니트 소재 등은 오버로크만으로도 재봉이 가능하다.

 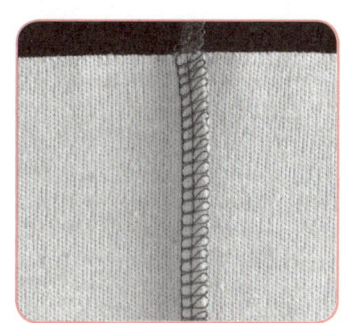

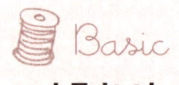
Basic
시침박기

원단의 재단선에서 0.2~0.3cm 안쪽을 박아서 올이 풀리는 것을 방지한다.

Point 바늘땀은 촘촘하게 해주는 편이 올이 잘 풀리지 않는다.

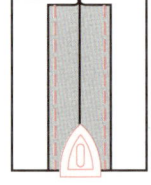 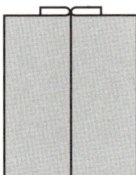

시접 가르기

1 시접을 벌리고 재단선에 재봉을 한다.

2 다른 쪽도 동일하게 한다.

3 시접을 가른다(p.46 참조).

시접 모아 꺾기

오버로크 머신이 없는 경우 니트 소재를 처리하기에 좋다.

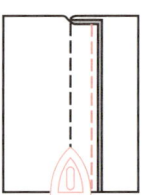 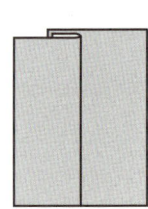

1 시접 두 장을 함께 재봉한다.

2 재봉선을 정돈하고 시접을 한쪽으로 모아 꺾는다(p.48 참조).

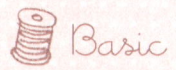
끝단박기

재단선을 접고 접은 단에 재봉을 한다. 원단 끝을 접는 만큼 시접이나 접단은 넉넉하게 준다.

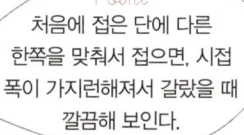
Point
처음에 접은 단에 다른 한쪽을 맞춰서 접으면, 시접 폭이 가지런해져서 갈랐을 때 깔끔해 보인다.

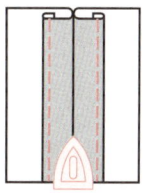 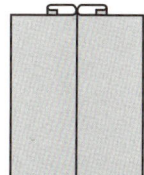

시접 가르기

1 시접 폭은 단을 접을 분량(0.5cm 정도)을 더한다.

2 한쪽 시접의 단을 다리미로 평행하게 접는다(0.5cm 정도).

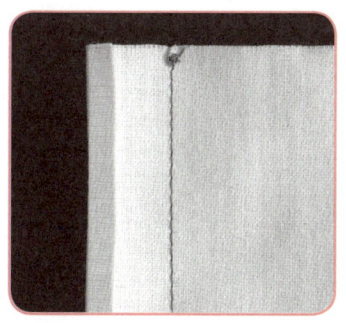

3 다른 한쪽도 같은 방법으로 접는다.

4 접은 단에 재봉을 한다.

5 시접을 가른다(p.46 참조).

시접 모아 꺾기

Point 자른 안쪽의 시접까지 함께 스티치로 박아준다.

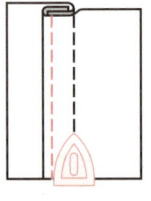 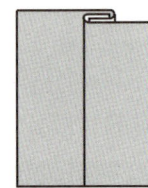

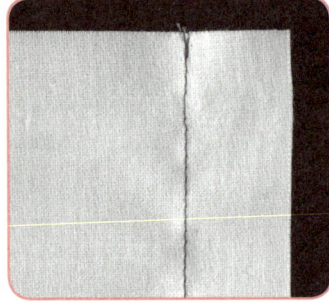

1 시접 폭은 단을 접을 분량(0.5cm 정도)을 더해서 재봉한 다음 재봉선을 다리미로 정돈한다.

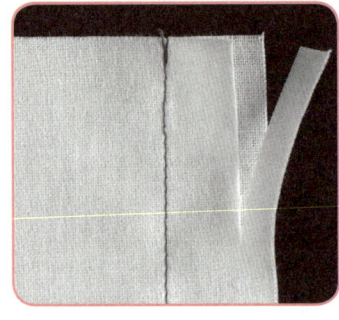

2 한쪽 시접(한쪽으로 모아 꺾은 쪽)을 자른다(0.6cm 정도).

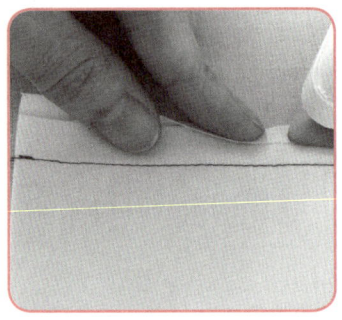

3 다른 쪽 시접으로 자른 시접을 감싸듯이 접는다.

4 접은 단에 재봉을 한다.

5 재봉선을 정돈하고 시접을 한쪽으로 모아 꺾는다(p.48 참조).

뉨솔

> **Point**
> 다리미로 깔끔하게 한쪽으로 모아 꺾은 다음 스티치를 한다.

시접을 한쪽으로 모아 꺾은 다음 겉쪽에서 스티치로 고정해서 처리하는 방법

1 시접을 한쪽으로 모아 꺾는다 (p.48 참조).

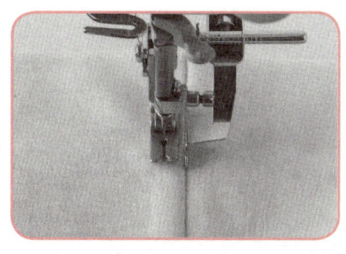

2 겉쪽에서 한쪽으로 모아 꺾은 시접을 스티치로 고정해준다.

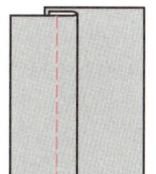
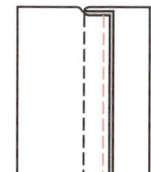

3 완성된 모습(겉)

완성된 모습(안)

안감을 대지 않을 때는 시접을 처리하고 나서 스티치를 해도 된다.

두꺼운 원단의 경우

> **Point**
> 자른 안쪽의 시접은 스티치 폭에 넣는다.

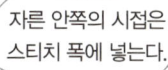

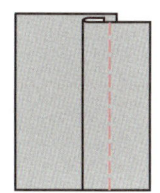
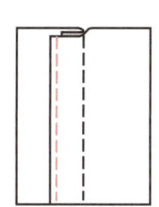

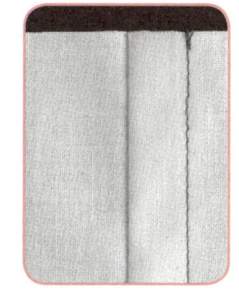

1 스티치를 해준 쪽의 시접 끝을 자른다 (스티치 폭-0.2cm 정도).

2 겉쪽에서 한쪽으로 모아 꺾은 시접을 스티치로 고정해준다.

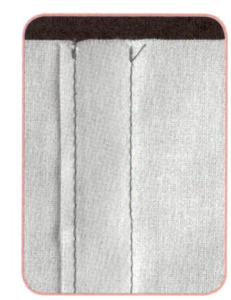

3 완성된 모습(안)

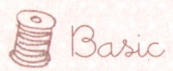 Basic

쌈솔

시접의 단을 접은 다음 겉쪽에서 스티치로 고정해서 처리하는 방법.
한쪽 시접을 잘라서 한쪽으로 모아 꺾는 것을 쌈솔, 시접을 가르는 것을 접어박기 가름솔이라고 한다.

쌈솔

Point 한쪽으로 모아 꺾은 부분에 다리미로 다려주면 재봉선이 깔끔하게 나온다.

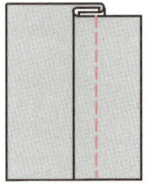 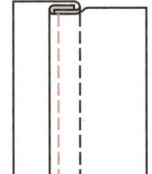

싱글 스티치

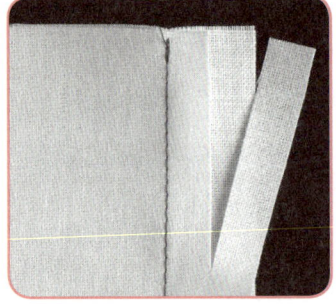

1 스티치를 해준 쪽의 시접을 반으로 자른다.

2 다른 쪽 시접으로 자른 시접을 감싸듯이 접는다.

3 재봉선에 맞춰 한 번 더 접는다.

4 원단을 벌리고 스티치를 해준 쪽으로 시접을 꺾는다.

5 겉쪽에서 한쪽으로 모아 꺾은 시접을 스티치로 고정해준다. 완성된 모습(겉).

6 완성된 모습(안)

더블 스티치

재봉선 옆에도 스티치를 한다. 그런 다음에 똑같은 방향으로 옆에 스티치를 더 넣어주면 원단이 비틀리는 것을 줄일 수 있다.

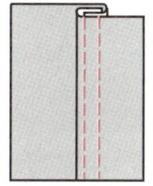 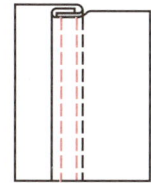

완성된 모습(겉)

완성된 모습(안)

접어박기 가름솔

Point 시접을 반으로 한 번 접을 수 있는 폭으로 해주면, 접기도 쉽고 스티치도 평행하게 할 수 있다.

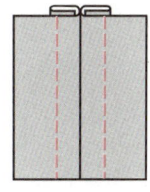 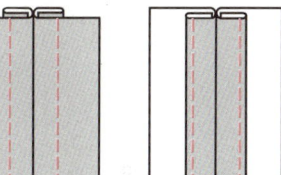

1 한쪽 시접을 반으로 접는다.

2 다른 한쪽도 1과 같은 방법으로 접는다.

3 시접을 가른다.

4 겉쪽에서 재봉선 양쪽에 스티치를 해서 시접을 고정해준다. 완성된 모습(겉).

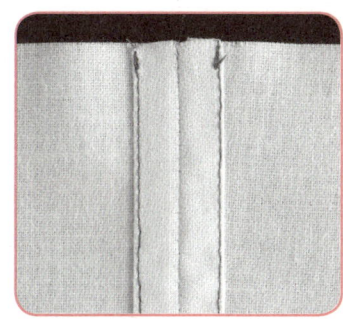
완성된 모습(안)

 Basic

통솔

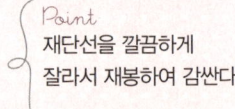
Point
재단선을 깔끔하게 잘라서 재봉하여 감싼다.

재단선을 주머니 모양으로 넣어 처리하는 방법.
얇은 원단이나 비치는 소재에 적합하다.

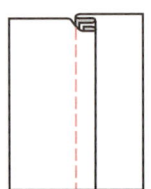 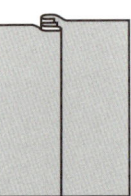

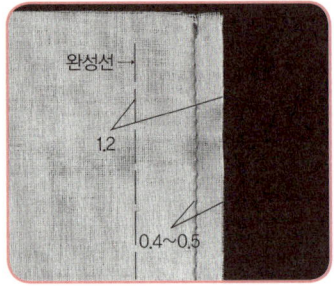

1 안끼리 맞대어 재봉한다.

2 시접을 한쪽으로 모아 꺾는다. 이때 재단선에 튀어나온 실밥을 깔끔하게 잘라낸다.

3 이번에는 시접을 감싸듯이 하여 겉끼리 맞댄다.

4 재봉선을 따라 접고 다리미로 눌러준다.

5 완성선을 박는다.

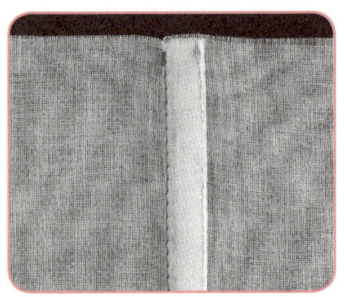

6 시접을 한쪽으로 모아 꺾는다 (p.48 참조).

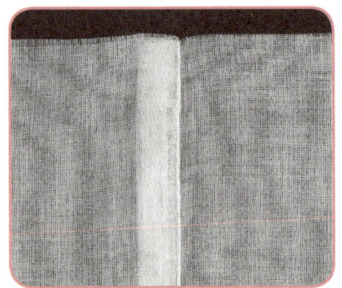

7 완성된 모습(겉)

Plus info
2에서 재단선에 튀어나온 실밥을 깔끔하게 잘라두지 않으면 완성된 재봉선에서 풀린 실밥이 나와서 지저분해 보인다.

접어박기

원단의 단을 접단 폭에 맞춰서 둘로 접는다.

1 다리미판 위에 원단 안쪽을 위로 오게 해서 올려놓는다. 접단 폭을 자로 재가면서 시침핀을 꽂는다.

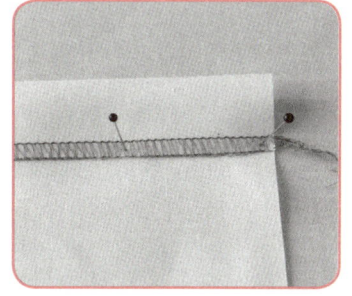

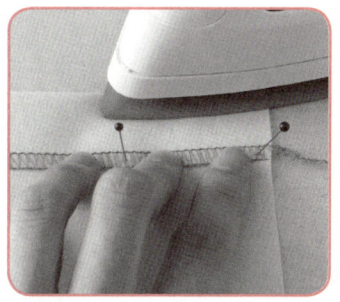

2 접어 겹친 부분을 다리미로 눌러준다.

스티치하기

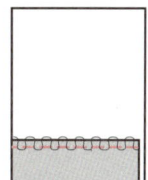

Point 완성된 부분에 평행하게 스티치를 한다.

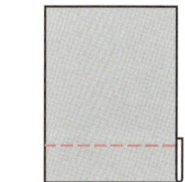

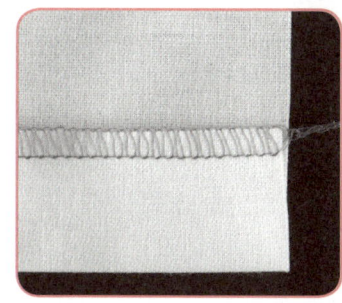

1 한 번 접은 부분을 다리미로 눌러준다.

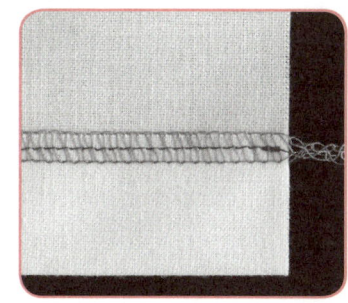

2 처리해둔 재단선 사이에 스티치를 해준다.

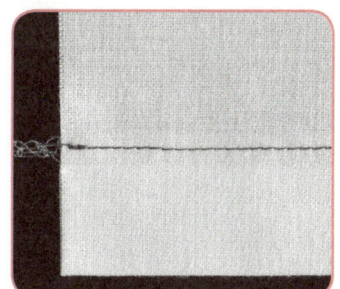

3 완성된 모습(겉)

Tip

섬세한 다림질 작업에 편리한 대나무자
접단을 접어가면서 다림질을 할 때는 열에 녹지 않는 대나무자가 편리하다.

대나무자
20cm 자는 짧기 때문에 가까이에 두고 사용하기 좋다.

공그르기

> Point
> 재단선에서 안쪽으로 조금 들어간 부분을 공그르기하면, 겉쪽에 접단 느낌이 잘 나지 않는다.

 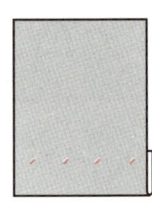

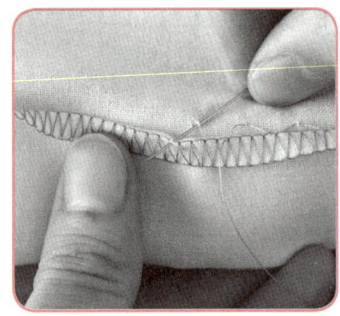 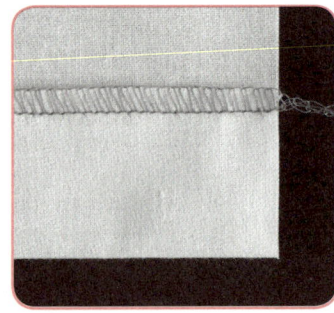 

1 한 번 접은 접단을 앞쪽으로 살짝 꺾고, 재단선에서 안쪽으로 조금 들어간 부분을 공그르기한다.

2 완성된 모습(안)

완성된 모습(겉)

니트 소재에 스티치하기

Point 늘어난 재봉선은 그때마다 스팀다리미로 복원시키면서 재봉해간다.

1 니트 소재의 재단선에 오버로크 재봉을 하면 원단이 늘어나게 된다.

2 늘어나서 물결치는 부분을 스팀다리미로 감싸 누르듯이 다려서 정돈한다.

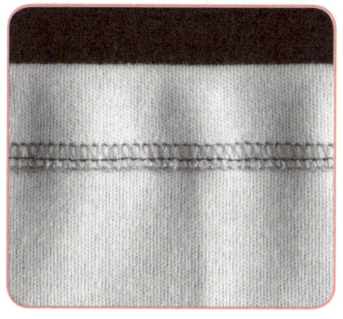

3 스티치를 해줘서 늘어난 바늘땀도 2와 같은 방법으로 스팀다리미로 정돈한다.

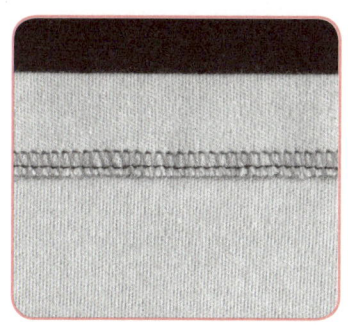

4 완성된 모습(안)

Point 니트 소재를 재봉할 때는 반드시 니트용 재봉실과 바늘을 사용한다(p.32 참조).

두 번 접어박기

> **Point** 접은 단에 스티치를 하기 때문에 다리미로 더 꼼꼼히 다려준다.

원단의 단을 두 겹으로 접은 다음 한 번 더 접는다.

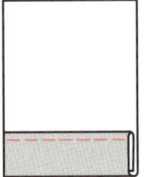 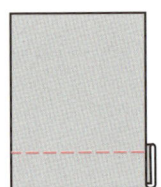

같은 너비로 두 번 접어박기

접는 폭을 좁게 해서 완성하고 싶을 때, 특히 얇고 비치는 원단 소재에 적합하다.
접단 치수는 완성 폭의 2배이다.

1 완성선을 따라 둘로 접는다.

2 1을 벌리고 접어올린 폭의 반을 접는다.

3 2의 접어올린 상태에서 다시 한 번 완성선을 따라 접는다.

4 접은 단에 스티치를 해준다.

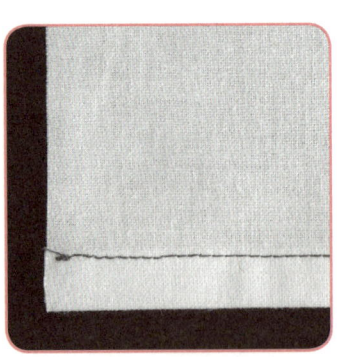

5 완성된 모습(겉)

폭을 넓게 하여 두 번 접어박기

폭이 넓은 스티치를 할 때나 두꺼운 원단의 경우, 접단이 잘 완성되도록 턱(차이)을 주어 접는다. 접단 치수는 완성 폭에 1cm를 더한다.

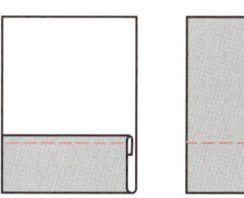
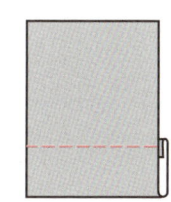

1 완성선을 따라 둘로 접는다.

2 1을 벌리고 접단 폭을 1cm 접는다.

3 다시 한 번 완성선을 따라 접는다.

4 접은 단에 스티치를 해준다.

5 완성된 모습(겉)

Basic Home Sewing

완성선 주위의 단 처리는

무심결에 눈이 가기 쉬운 부분입니다.

다른 원단이나 테이프를 사용하면 다양하게 변화도 즐길 수 있을 거예요.

보통은 재봉 과정의 마지막에 하게 되는 작업이지만,

끝까지 긴장을 늦추지 말고 완성해 봅시다.

PART 6

단 처리

직선의 단 처리 ----- 106
곡선의 단 처리 ----- 110
바이어스 테이프 ----- 112
단 겹쳐잇기 ----- 116
말아박기 ----- 117
액자식 단 처리 ----- 119

직선의 단 처리

재단선을 다른 원단을 사용해서 처리한다.

바이어스 테이프의 양쪽을 접어 달기

스티치하기

겉쪽과 안쪽에 스티치가 되기 때문에 튼튼해진다.
바이어스 테이프는 114페이지의 A를 사용한다.

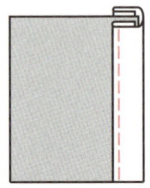 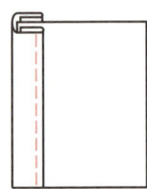

1 원단과 바이어스 테이프를 겉끼리 맞댄 다음, 테이프의 접힌 부분에서 시접 쪽으로 0.1cm 정도 나간 부분을 박는다.

2 바이어스 테이프로 시접을 감싸듯이 해서 안으로 뒤집는다.

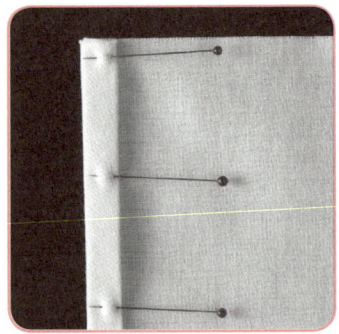

3 안으로 뒤집은 바이어스 테이프에 시침핀을 꽂는다.

> *Point*
> 스티치는 겉쪽이나 안쪽 중에 어느 쪽에서 해주어도 상관없다.

안쪽의 바이어스 테이프에서 스티치가 비어져 나올 염려가 있을 때는 안쪽에서 해주어도 된다.

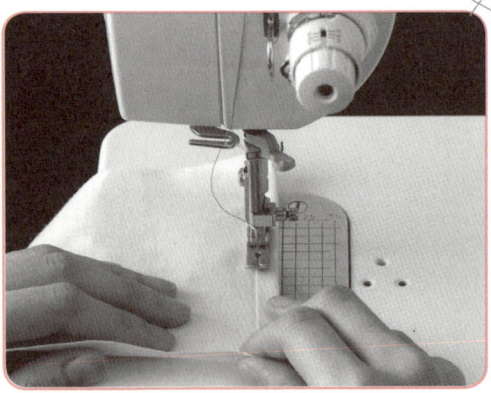

4 겉쪽에서 바이어스 테이프 끝에 스티치를 하여 고정한다.

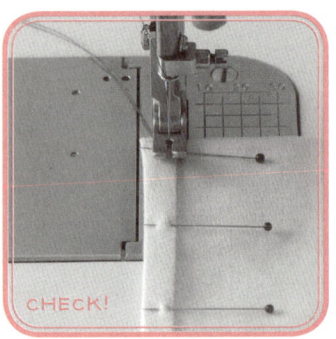
CHECK!

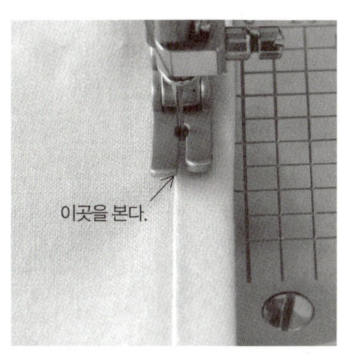

5 접힌 부분 끝의 스티치는 접힌 부분과 노루발의 위치를 보면서 해 주면 재봉하기 쉽다.

6 완성된 모습(겉)

완성된 모습(안)

공그르기

어느 쪽에서도 스티치가 보이지 않도록 해 줄 때 사용한다. 바이어스 테이프는 114페이지의 A를 사용한다.

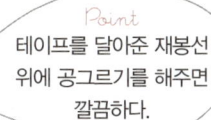
Point 테이프를 달아준 재봉선 위에 공그르기를 해주면 깔끔하다.

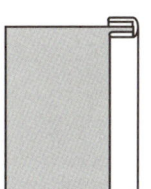
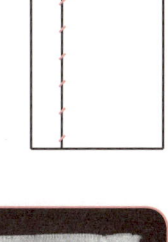

1 원단과 바이어스 테이프를 겉끼리 맞댄 다음, 테이프의 접힌 부분에서 시접 쪽으로 0.1cm 정도 나간 부분을 박는다.

2 안으로 뒤집은 바이어스 테이프에 시침핀을 꽂고 공그르기한다. 완성된 모습(안)

완성된 모습(겉)

숨겨박기하기

겉쪽에서 스티치가 보이지 않도록 할 때 사용한다.
바이어스 테이프는 114페이지의 B를 사용한다.

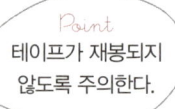 Point
테이프가 재봉되지 않도록 주의한다.

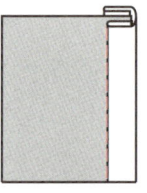 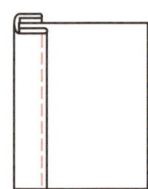

1 원단과 바이어스 테이프의 폭이 좁은 쪽을 겉끼리 맞댄 다음, 테이프의 접힌 부분에서 시접 쪽으로 0.1cm 정도 나간 부분을 박는다.

2 바이어스 테이프를 안으로 뒤집어서 재봉선이 0.2cm 정도 숨겨지도록 감싼 다음, 시침핀을 꽂는다.

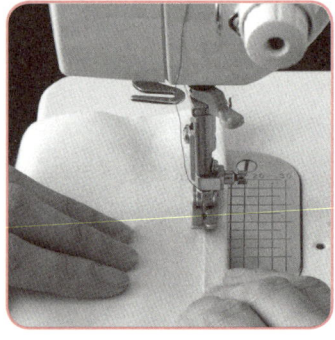

3 겉쪽에서 1의 재봉선 위에 재봉한다.

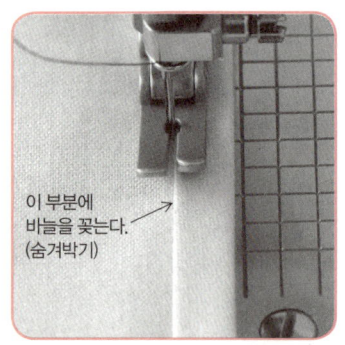

이 부분에 바늘을 꽂는다. (숨겨박기)

4 겉에서는 스티치가 보이지 않는다. 완성된 모습(겉)

완성된 모습(안)

바이어스 테이프의 안쪽을 접지 않고 달기

바이어스 테이프의 안쪽을 접지 않는 만큼 얇게 마무리된다.

스티치하기

바이어스 테이프는 114페이지의 A를 사용한다.

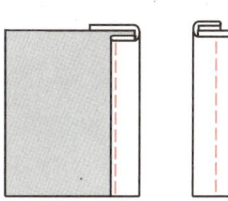

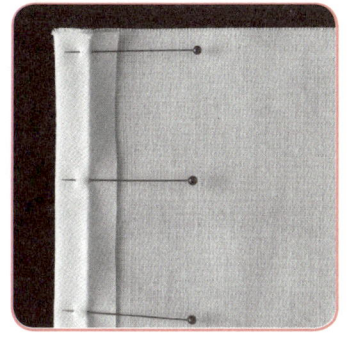  

1 106페이지의 1, 2와 같은 방법으로 한 다음, 안으로 뒤집은 바이어스 테이프는 접지 않고 펼쳐서 시침핀을 꽂아준다.

2 겉쪽에서 테이프 끝에 스티치를 하여 고정한다. 완성된 모습(겉)

완성된 모습(안)

숨겨박기하기

바이어스 테이프는 114페이지의 A를 사용한다.

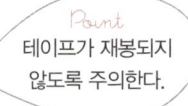
Point
테이프가 재봉되지 않도록 주의한다.

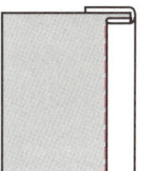 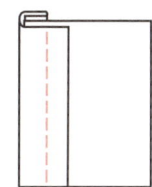

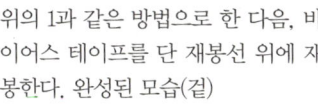  

위의 1과 같은 방법으로 한 다음, 바이어스 테이프를 단 재봉선 위에 재봉한다. 완성된 모습(겉)

완성된 모습(안)

얇게 마무리되므로 코트처럼 두꺼운 원단의 시접 및 접단 처리에 사용한다.

CHECK!

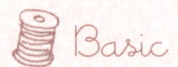 **Basic**

곡선의 단 처리

바이어스 테이프를 사용해서 처리한다. 어떤 곡선이냐에 따라 다는 치수가 달라진다.

볼록한 곡선

Point 달아줄 바이어스 테이프의 치수(△)보다도 완성되는 바깥둘레 치수(●) 쪽이 길기 때문에, 그만큼이 부족하지 않도록 해서 달아준다.

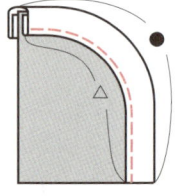
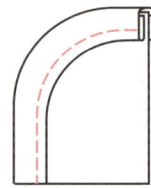

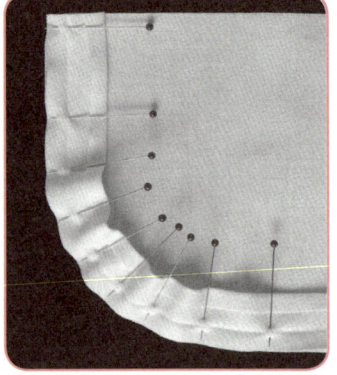

1 바이어스 테이프가 늘어나지 않도록 해서 원단의 재단선에 맞춰서 시침핀을 꽂는다.

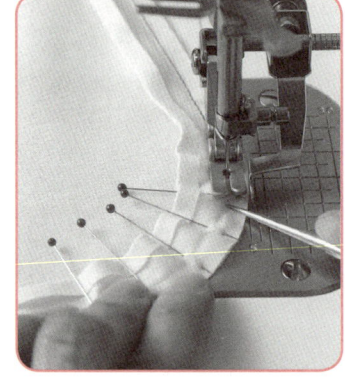

2 테이프의 접힌 부분에서 시접 쪽으로 0.1cm 정도 나간 부분을 박는다.

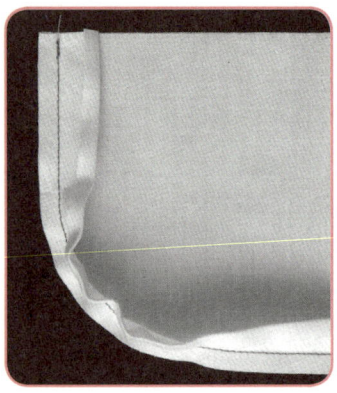

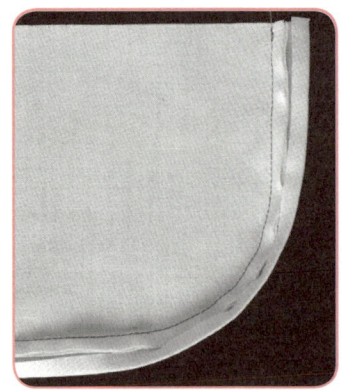

3 바이어스 테이프로 시접을 감싸듯이 해서 안으로 뒤집는다.

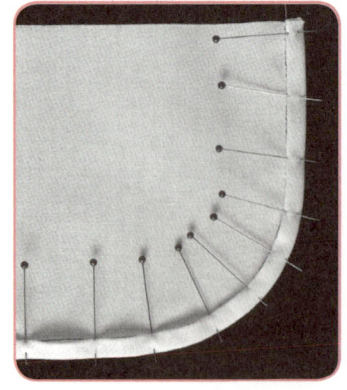

4 안으로 뒤집은 바이어스 테이프에 시침핀을 꽂는다.

5 겉쪽에서 테이프 끝에 스티치를 하여 고정한다. 완성된 모습(겉)

오목한 곡선

> *Point*
> 달아줄 바이어스 테이프의 치수(△)보다도 완성되는 바깥둘레 치수(●) 쪽이 짧기 때문에, 살짝 당기듯이 해서 달아준다.

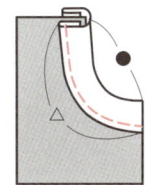 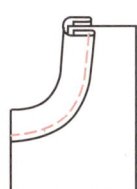

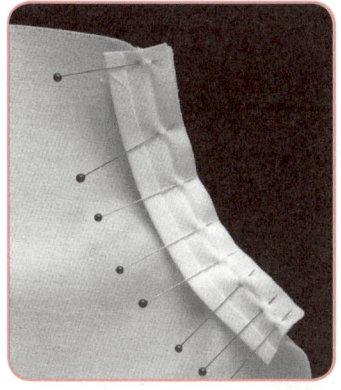

1 원단과 바이어스 테이프의 재단선을 맞추고, 테이프를 살짝 당기듯이 해서 시침핀을 꽂는다. 이때 원단이 늘어나지 않도록 주의한다.

2 테이프의 접힌 부분에서 시접 쪽으로 0.1cm 정도 나간 부분을 박는다.

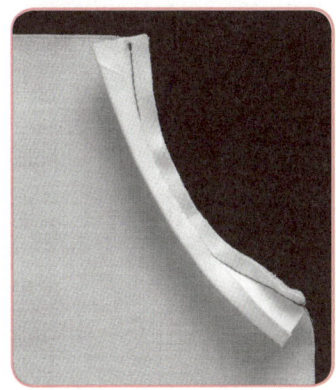

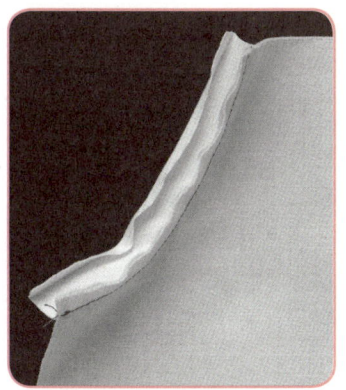

3 바이어스 테이프로 시접을 감싸듯이 해서 안으로 뒤집는다.

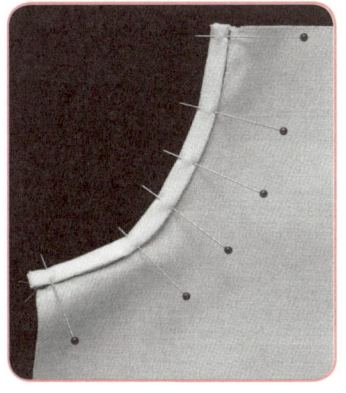

4 안으로 뒤집은 바이어스 테이프에 시침핀을 꽂는다.

5 겉쪽에서 테이프 끝에 스티치를 하여 고정한다. 완성된 모습(겉)

바이어스 테이프

천의 올 방향에 대해 45°로 재단한 테이프 모양의 천. 신축성이 최대인 방향으로 잘랐기 때문에 곡선에 사용하면 좋다.

양쪽을 접은 바이어스 테이프 만들기

Point 바이어스 테이프는 늘어나기 쉽고 폭이 가늘어 말리는 경우가 있기 때문에, 다림질을 할 때 늘어나지 않도록 주의한다.

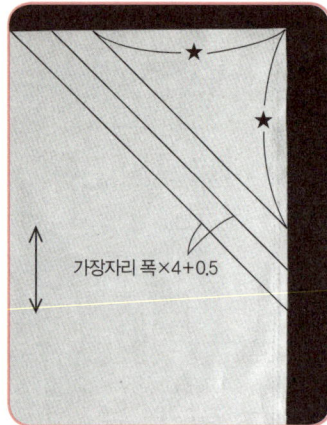

가장자리 폭×4+0.5

1 날실과 씨실의 식서방향을 정돈한 원단을 바이어스로 자른다.

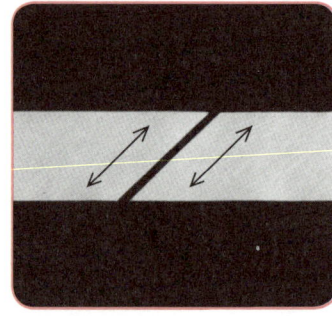

2 바이어스 테이프를 이을 때는 세로지나 가로지의 식서방향을 이용한다.

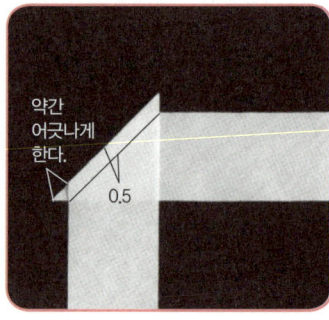

약간 어긋나게 한다. 0.5

3 식서방향을 맞춘 재단선을 겉끼리 맞댄다. 이때 시접 폭만큼 약간 어긋나게 해준다.

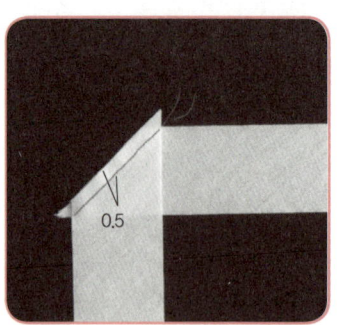

0.5

4 재봉한다.

5 시접을 가르고 비어져 나온 시접을 자른다(겉).

안에서 본 모습

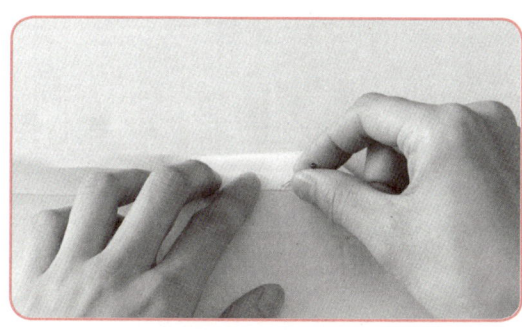

6 다리미판 위에서 테이프의 재단선을 안끼리 맞댄 다음 반으로 접는다.

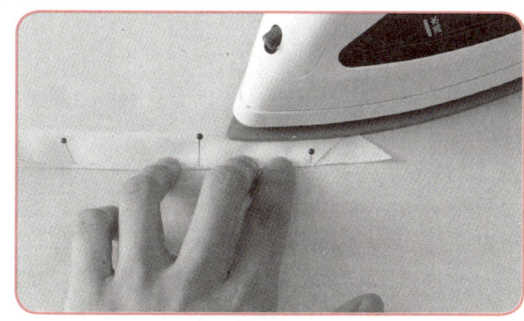

7 맞댄 재단선에 시침핀을 꽂아 고정한 다음, 접은 부분이 늘어나지 않도록 다리미로 눌러준다.

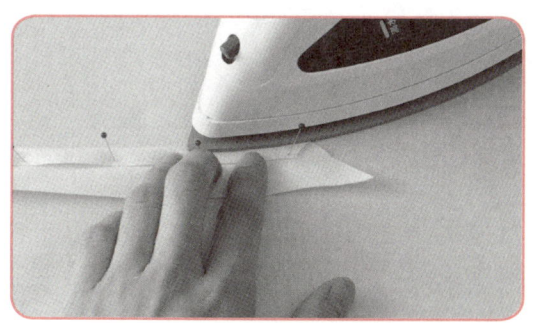

8 다시 벌렸다가 접혔던 부분에 재단선을 맞추어 반으로 접은 다음, 7과 같은 방법으로 다림질을 한다.

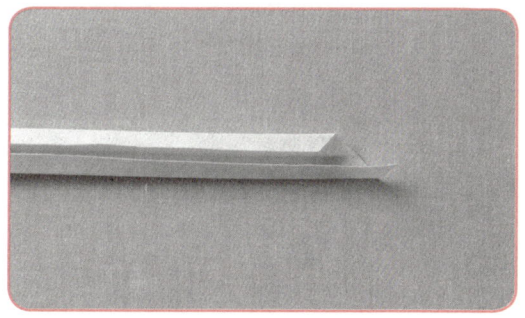

9 완성된 모습

세 번 접기 바이어스 테이프의 접는 방법

숨겨박기를 할 때는 바이어스 테이프를 B의 방법으로 접어준다.

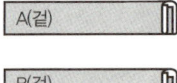

A는 ⓑ에서 정확히 반으로 접는다.
B는 ⓑ에서 안쪽이 되는 쪽의 재단선을
0.3cm 정도 어긋나게 하여 접는다.

바이어스 메이커로 만들기

양쪽을 접은 바이어스 테이프의 다림질도 간단하며 폭을 가지런히 해서 접을 수 있다.

1 날실과 씨실의 식서방향을 정리한 원단(p.112 참조)을 바이어스로 자른다.

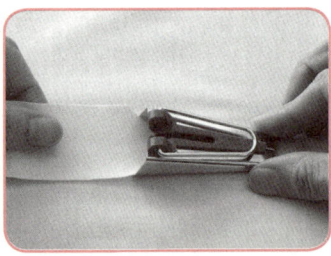

2 바이어스 테이프를 바이어스 메이커에 집어넣는다.

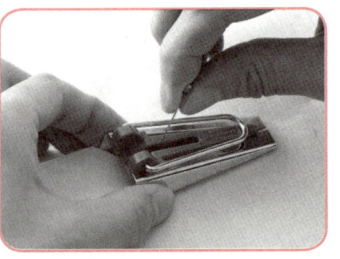

3 바늘이나 송곳의 끝으로 바이어스 테이프를 조금씩 밀어낸다.

바이어스 메이커
테이프의 양쪽을 간단하게 접을 수 있는 도구.
6mm, 12mm, 18mm, 25mm, 50mm용이 있다.

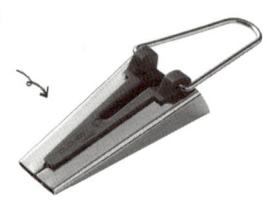

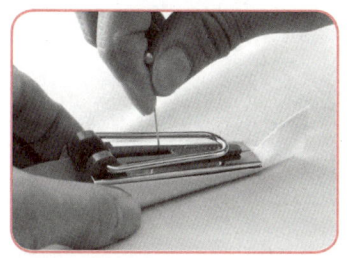 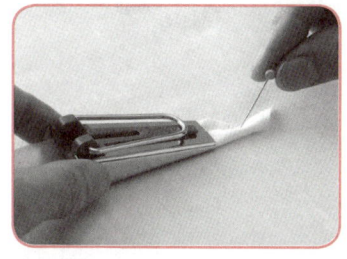 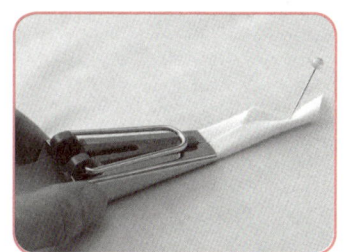

4 바이어스 테이프를 바이어스 메이커에서 끌어낸 다음, 시침핀을 꽂아서 고정한다.

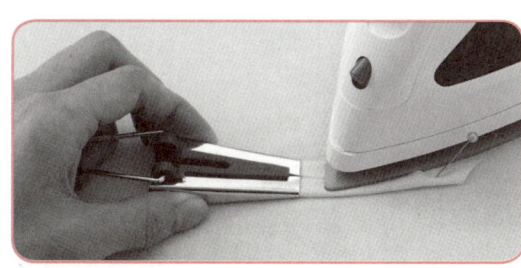 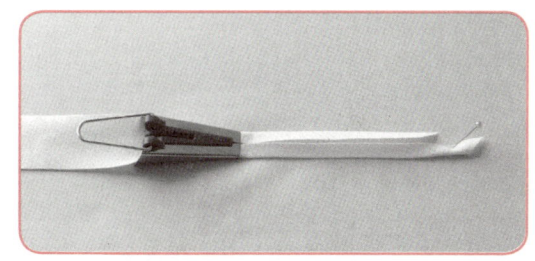

5 양쪽이 맞춰진 바이어스 테이프를 다리미로 눌러준다.

6 바이어스 메이커를 잡아당기면서 바이어스 테이프를 다리미로 눌러준다.

단 겹쳐잇기

원단의 주위나 원통 모양 등 원형이 된 부분을 단 처리할 때 재봉의 시작과 끝부분을 간단하게 잇는 방법.

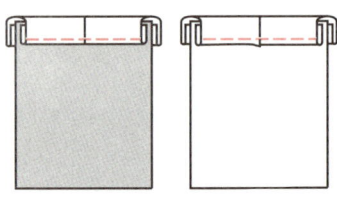

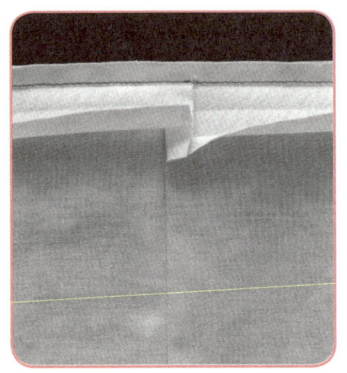

1 바이어스 테이프의 재단선을 1cm 접은 뒤에 원단을 한 바퀴 돌며 재봉하고, 1cm 정도 겹쳐서 재봉을 끝낸다.

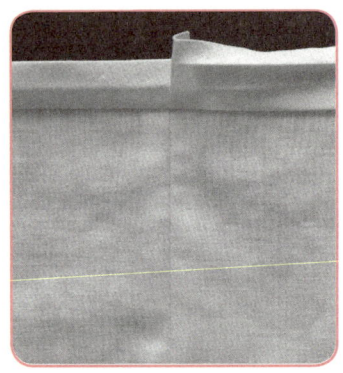

2 시접을 감싸서 안으로 뒤집는다.

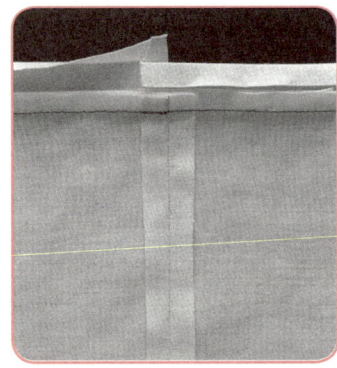

3 테이프와 원단의 이음매를 맞추면 깔끔하게 보이지만, 원단이 두꺼운 경우에는 일부러 어긋나게 하기도 한다.

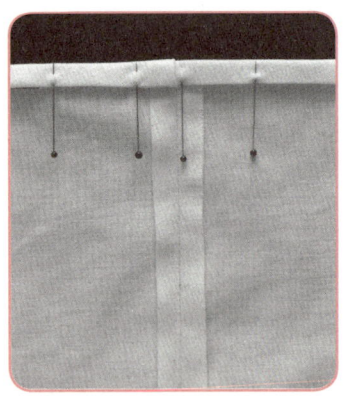

4 안으로 뒤집은 바이어스 테이프에 시침핀을 꽂고, 겉쪽에서 테이프 끝에 스티치를 한다.

5 완성된 모습(겉)

완성된 모습(안)

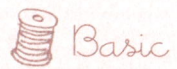
말아박기

폭이 좁은 말아박기 단 재봉법. 전용 노루발을 사용한다.

말아박기

Point 바늘땀이 촘촘한 편이 깔끔하게 마무리된다.

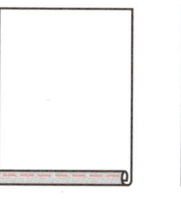 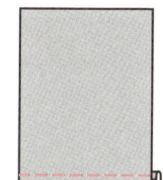

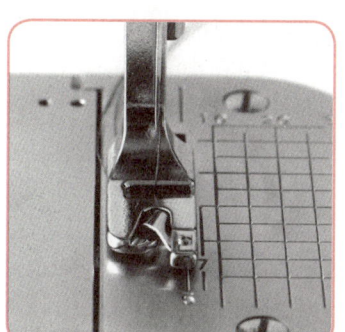

1 말아박기 노루발을 머신에 장착한다.

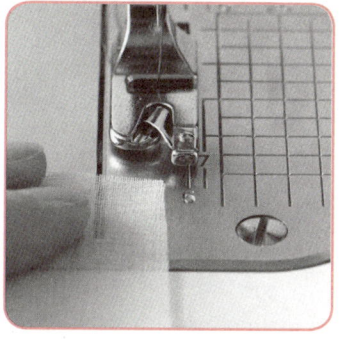

2 원단 끝을 말아박기 노루발 안에 끼워 넣는다.

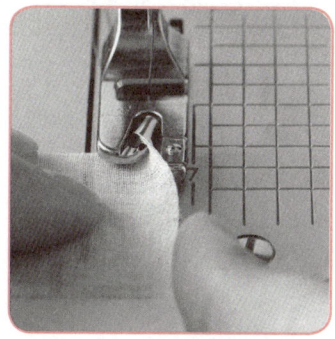

3 원단이 말려들어 가도록 손으로 잡아주면서 재봉해간다.

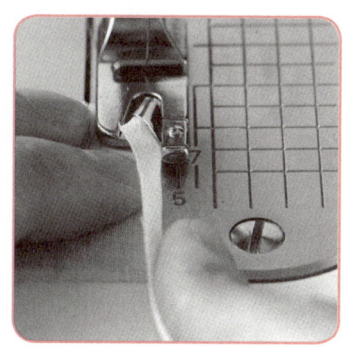

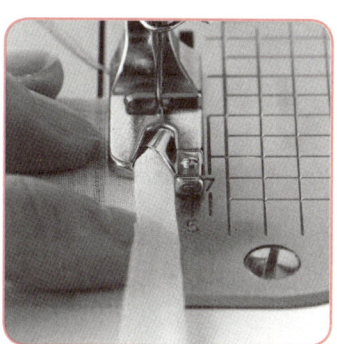

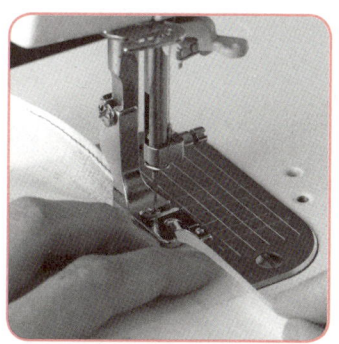

4 말아박기하는 모습

말아박기 후 겹쳐잇기

재봉된 상태의 단은 말아박기 노루발에 끼우기가 어렵기 때문에, 먼저 단을 말아박기로 처리하고 나서 재봉하도록 한다.

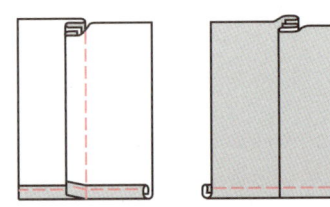

사진은 단을 말아박기로 처리한 다음에 통솔(p.98 참조)로 이어서 시접을 처리한 것. 비치는 소재의 단 처리가 깔끔해진다.

겉에서 본 모습

두 번 접어가면서 스티치로 고정하기 때문에 모서리 처리는 잘 되지 않는다.

말아박기 노루발
폭이 좁은 두 번 접어박기를 할 수 있는 노루발. 원단이 두꺼워지면 잘 말려들어가지 않을 수 있으므로 얇은 원단에 사용한다.

 **Basic**

액자식 단 처리

모서리를 일정한 폭으로 접어 올려서 처리하는 방법. 예각에는 적합하지 않다.

> **Point** 완성한 상태에서 다리미로 한 번 확실하게 접는다.

접어박기

> **Point** 완성선을 따라 접은 상태에서 시접에 정확하게 표시를 한다.

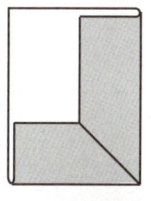 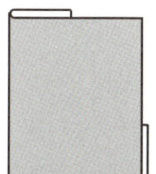

1 완성선을 다리미로 접어준 다음 겹쳐진 재단선에 표시를 한다.

2 다시 펼쳐준다.

3 표시한 점끼리 맞춘 다음 겉끼리 맞대어 접는다.

4 완성선의 모서리에서 재단선의 표시까지 박아준다.

5 모서리의 시접을 벌린다.

다른 부분에 닿지 않도록 하여 재봉한 부분만 조심스럽게 다려준다.

> **Point** 두꺼운 원단의 경우나 시접이 두꺼운 경우에는 시접을 잘라준다(p.121 참조).

6 모서리의 완성선에 시접이 깔끔하게 들어가도록 접는다.

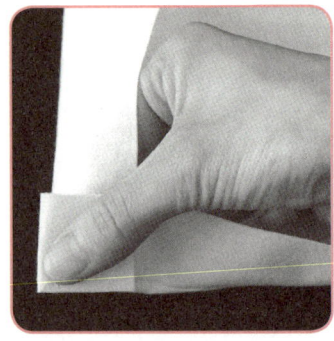

7 모서리를 손끝으로 누른 상태에서 겉으로 뒤집는다.

8 송곳으로 모서리를 정돈한다.

9 완성된 모습(안)

완성된 모습(겉)

두 번 접어박기

> **Point** 모서리의 시접을 다리미로 확실히 접어 넣는다.

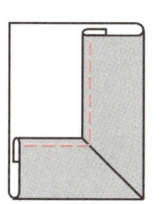 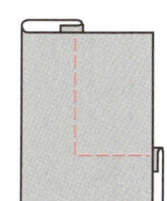

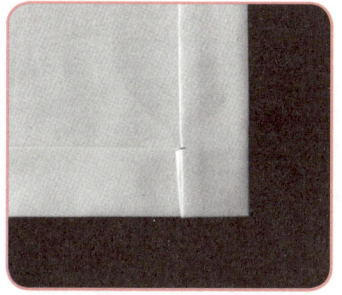

1 완성선을 따라 다리미로 두 번 접은 다음 겹쳐진 부분에 표시를 한다.

2 다시 펼쳐준다.

3 표시한 점끼리 맞춰서 겉끼리 맞대어 접은 다음, 완성선의 모서리에서 재단선의 표시까지 박아준다.

4 시접을 1cm로 자른다.

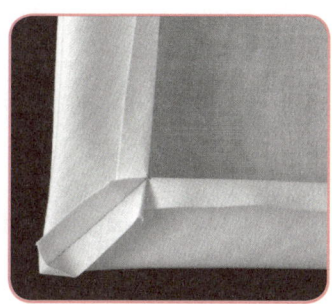

5 4의 시접을 가른다.

6 겉으로 뒤집는다(p.120 참조).

7 접힌 부분의 끝을 스티치로 고정한다.

8 완성된 모습(겉)

Basic Home Sewing

이 책에 나온 부분 재봉은 기본적인 것입니다.

만약 재봉법이 헷갈린다면 갖고 있는 옷이나 가방, 소품 등을 살펴보세요.

재봉법의 견본이 되는 것들이 많이 있답니다.

그동안은 생각 없이 지나쳤던 부분들이었지만,

마음에 드는 옷이나 가방들이 어떤 식으로 만들어져 있는지

살펴보다 보면 재봉하는 데 큰 도움이 됩니다.

완성된 작품에서 힌트를 얻고 참고해가면서 재봉의 즐거움을 배워가세요.

PART 7

부분 재봉

안단 ----- 124
슬래시 트임 ----- 128
다트 ----- 129
개더 ----- 131
지퍼 달기 ----- 134
벨트 달기 ----- 141
끈구멍 만들기 ----- 144
끈 만들기 ----- 146

안단

목둘레, 진동둘레, 앞단 등의 처리를 하는 원단을 '안단'이라고 한다.
기본적으로는 같은 원단을 사용하지만, 다른 원단을 사용해주면 장식 효과도 있다.

덧단 사용하기

단을 튼튼하게 하고 싶을 때나 테이프 등으로는 박아서 뒤집을 수 없는 경우에, 완성선에 맞춰서 따로 재단한 안단으로 처리한다. 안단의 안쪽 면에 접착심을 붙이면 튼튼해진다.

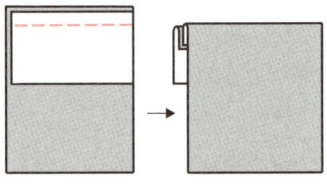

직선 부분

접단으로 처리하는 것보다도 튼튼히 완성된다.

 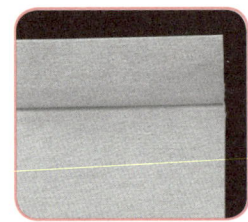  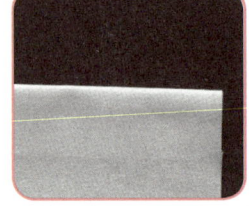

1 원단과 안단을 겉끼리 맞대어 재봉한다.

2 재봉선에 맞춰 안단을 한쪽으로 모아 꺾는다 (p.48 참조).

3 안으로 뒤집어서 안단을 조금 어긋나게 하고 (p.54 참조), 다리미로 눌러준다. 완성된 모습(안)

완성된 모습(겉)

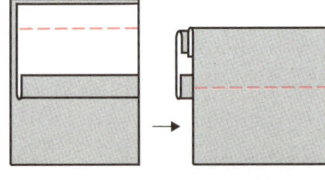

안단 안쪽을 접어 넣고 스티치로 고정하는 경우

  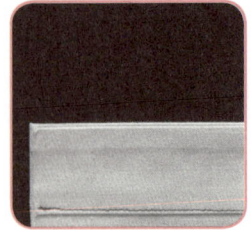 

1 안단 안쪽을 0.5~1cm 접은 다음 원단과 겉끼리 맞대어 재봉한다.

2 재봉선에 맞춰 안단을 한쪽으로 모아 꺾는다 (p.48 참조).

3 안으로 뒤집어서 가지런히 하고, 안단 안쪽을 스티치로 고정한다. 완성된 모습(안)

완성된 모습(겉)

모서리 부분

60페이지의 '오목한 모서리를 박아서 뒤집기'와 같은 요령으로 박아서 뒤집은 다음, 단을 똑같이 맞춰서 다리미로 눌러준다.

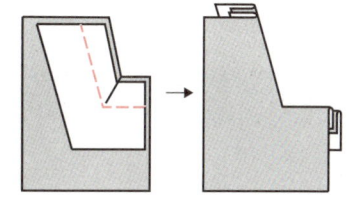

완성된 모습(안)

완성된 모습(겉)

곡선 부분

76페이지의 '오목한 곡선을 박아서 뒤집기'와 같은 요령으로 박아서 뒤집은 다음, 단을 똑같이 맞추거나 안단을 조금 어긋나게 하여 다리미로 눌러준다.

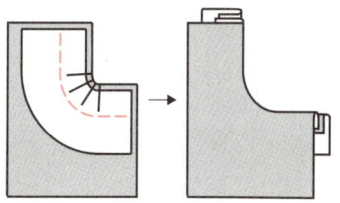

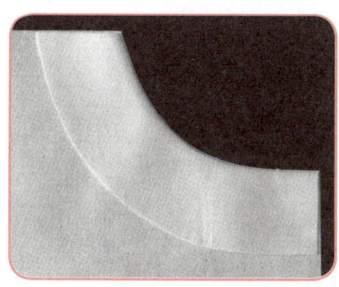
완성된 모습(안)

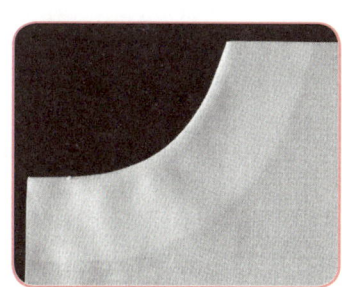
완성된 모습(겉)

테이프 사용하기

바이어스 테이프 사용하기

곡선 부분은 바이어스 테이프를 사용해도 된다(p.114 참조).
테이프를 박아서 뒤집었을 때 원단이 당기는 경우에는 가위집을 넣어준다.

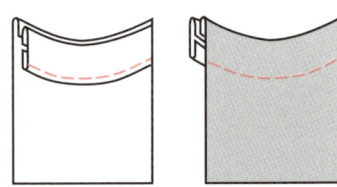

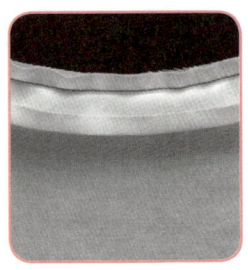   

1 양쪽을 접은 바이어스 테이프의 한쪽을 펼친 다음, 원단의 완성선과 바이어스 테이프의 접었던 부분을 겉끼리 맞대고 시침 핀을 꽂아서 박아준다.

2 테이프를 안으로 뒤집은 다음, 끝부분을 똑같이 맞추거나 테이프를 조금 어긋나게 하여 다리미로 눌러준다.

3 테이프 끝에 스티치를 한다. 완성된 모습(안)

완성된 모습(겉)

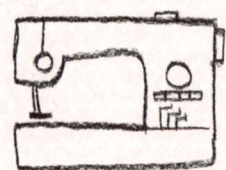

면테이프 사용하기

직선 부분에 평직이나 능직으로 양끝이 처리된 면테이프를 사용하면, 시접을 접어서 꺾을 필요가 없기 때문에 얇게 완성된다.

Point 시중에 파는 면테이프는 0.5~5cm의 폭이 있다.

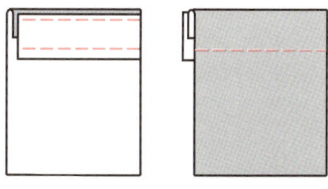

 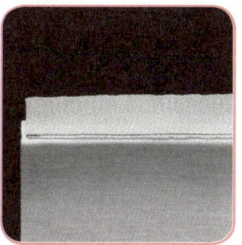  

1 원단의 시접을 완성선을 따라 안쪽으로 접는다.

2 완성선에서 0.1~0.2cm 떨어진 위치에 면테이프의 끝을 박아서 달아준다.

3 다시 완성선 부분을 다려서 정돈한 다음, 시접을 숨기듯이 해서 테이프의 단을 스티치로 눌러준다. 완성된 모습(안)

완성된 모습(겉)

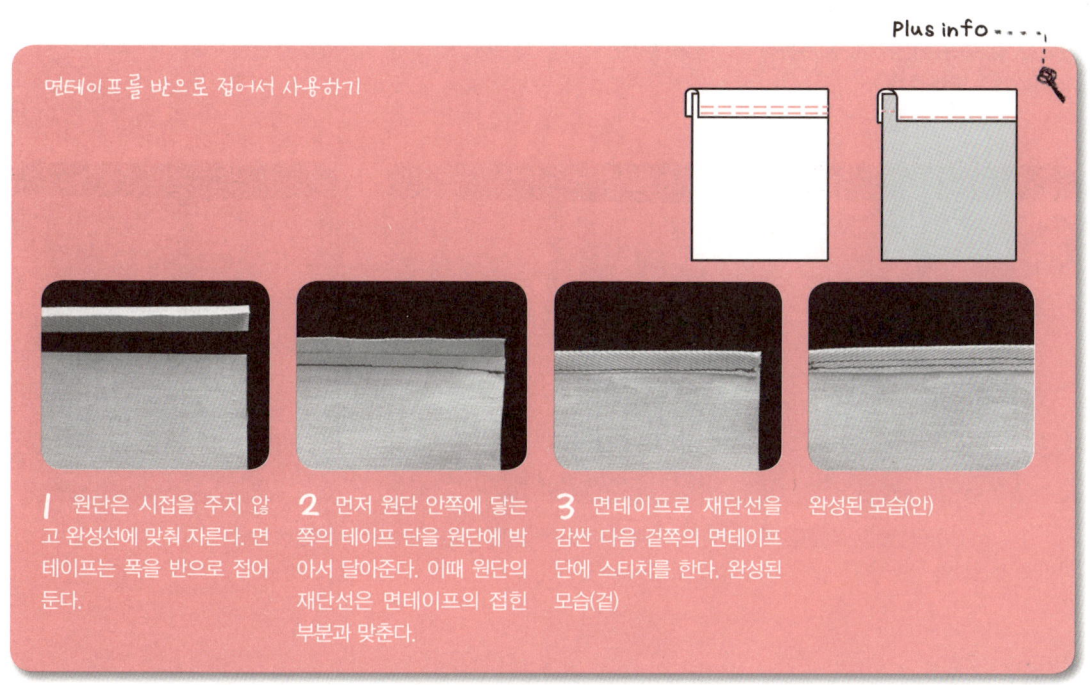

Plus info

면테이프를 반으로 접어서 사용하기

1 원단은 시접을 주지 않고 완성선에 맞춰 자른다. 면테이프는 폭을 반으로 접어둔다.

2 먼저 원단 안쪽에 닿는 쪽의 테이프 단을 원단에 박아서 달아준다. 이때 원단의 재단선은 면테이프의 접힌 부분과 맞춘다.

3 면테이프로 재단선을 감싼 다음 겉쪽의 면테이프 단에 스티치를 한다. 완성된 모습(겉)

완성된 모습(안)

 *Basic*

슬래시 트임

> Point
> 슬래시 부분의 바늘땀은 촘촘하게 해서 박아준다.

가위집을 넣은 트임. 안단을 사용해서 박아서 뒤집는 방법.
가위집이 들어간 시접이 가늘어지기 때문에, 가위집 부분의 안쪽 면과 안단의 안쪽 면에 심지를 붙여 보강해준다.

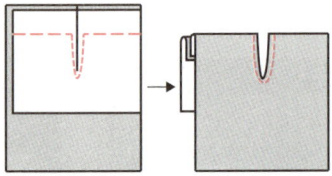

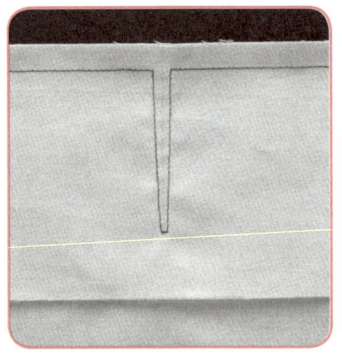

1 원단과 안단을 겉끼리 맞댄 다음 안단을 달 부분부터 슬래시 부분까지 계속해서 박아준다.

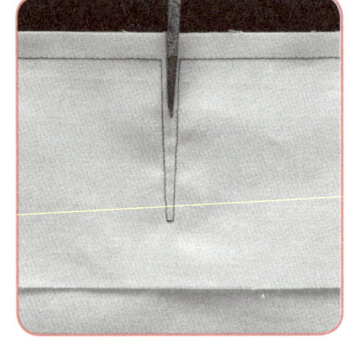

2 슬래시 부분이 끝나는 지점의 근처까지 가위집을 넣는다. 이때 실을 자르지 않도록 주의한다.

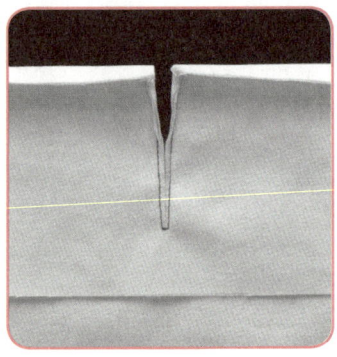

3 안단이 달린 시접을 재봉선을 따라 접어준다.

4 겉으로 뒤집고 접은 부분을 다리미로 정돈한다.

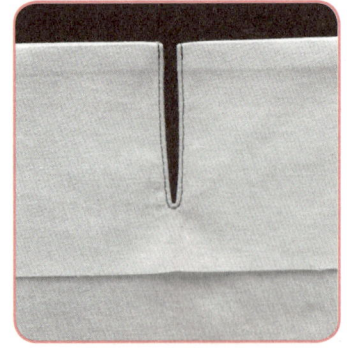

5 슬래시 부분에 스티치를 한다.
완성된 모습(안)

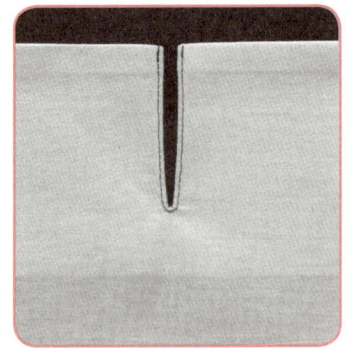

완성된 모습(겉)

Basic
다트

> **Point**
> 다트 끝부분은 완만하게 처리되도록 재봉한다.

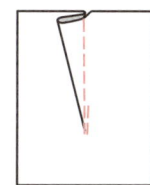 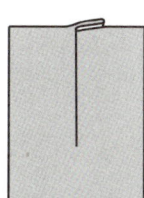

1 다트 끝부분은 3~4땀 정도 되돌아박기를 하여 완만하게 처리되도록 한다.

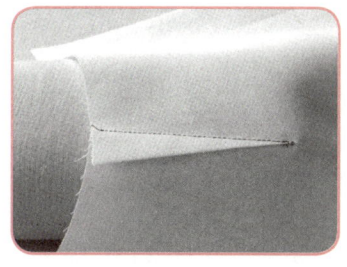

2 다리미로 한쪽으로 모아 꺾는다. 소매 다리미판이나 프레스 볼의 둥근 부분을 이용하여 다트 끝에 다림질을 하면 더욱 깔끔하게 완성된다.

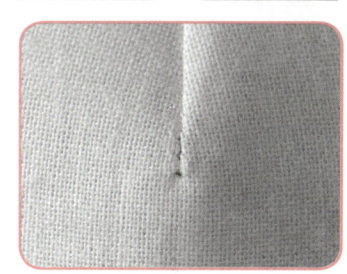

3 완성된 모습(겉)

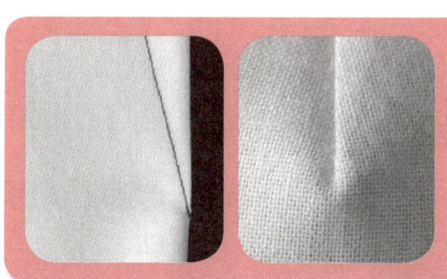

Plus info

✕ 되돌아박기로 완만하게 처리하지 않으면, 다트 끝이 뾰족한 느낌이 되기 쉬우므로 주의한다.

프레스 볼
둥근 부분에 사용하는 다리미판. 작기 때문에 다트의 끝부분을 다림질하기에 편리하다.

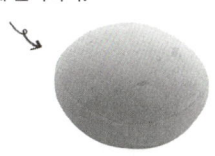

얇은 원단의 경우
다트 끝부분에 되돌아박기를 하면 바늘땀이 울기 때문에 박은 뒤에 실을 묶어서 고정한다.

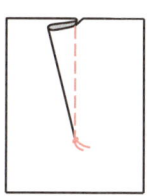 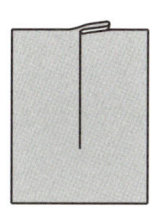

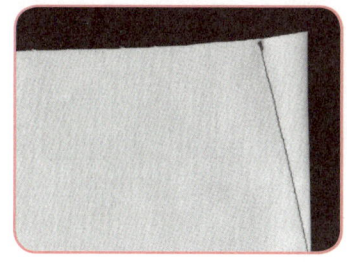

1 다트 끝부분까지 박은 다음 그 상태에서 실을 길게 남겨서 잘라준다. 남긴 실은 끝부분에서 묶어준다.

2 위와 마찬가지로 다리미로 한쪽으로 모아 꺾는다. 완성된 모습(겉)

특히 두꺼운 원단의 경우

다트의 시접이 두꺼울 때는 시접을 갈라준다.

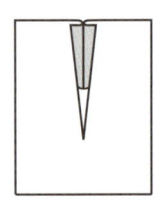 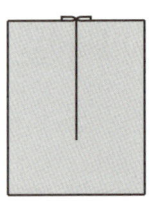

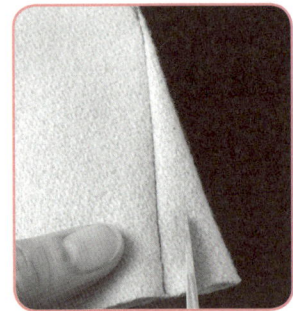 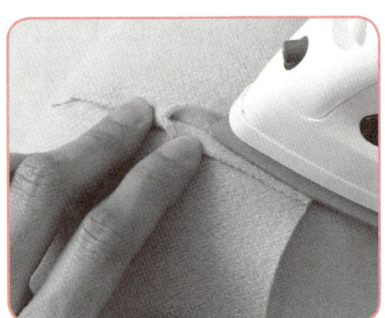 

1 다트 재봉선에서 0.5~0.7cm의 시접을 남기고 접힌 부분 쪽을 자른다.

2 다리미 앞부분으로 재봉선 부분을 가른 다음 다트 끝부분을 확실히 눌러 다려준다.

완성된 모습(안)   완성된 모습(겉)

안감의 경우

겉감이 움직이기 쉽도록 안감의 다트에도 여유분을 갖게 하기 위해서 늘림시접을 준다.

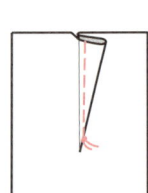 

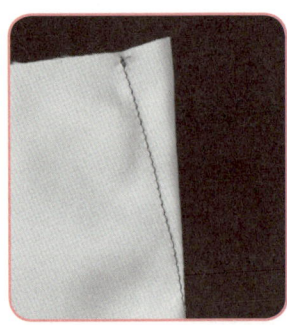 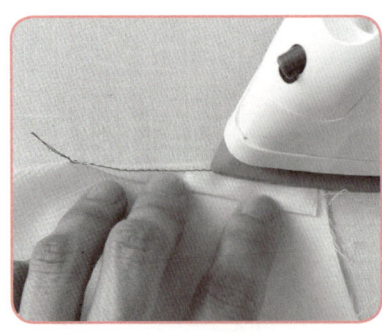 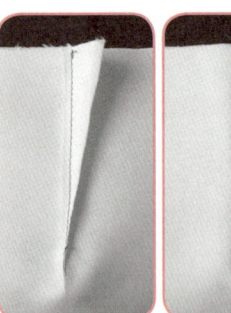

1 완성선에서 시접 쪽으로 0.2cm 정도 나간 부분을 박아준다.

2 늘림시접(p.49 참조)을 주어 한쪽으로 모아 꺾는다.

완성된 모습(안)   완성된 모습(겉)

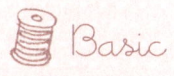
개더

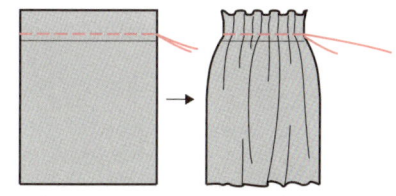

개더잡기

> **Point**
> 재봉선에 대해 수직으로 개더가 흘러내리는 방향을 균등하게 정돈한다.

1 완성선보다 시접 쪽으로 0.3cm 나간 부분에 바늘땀 길이를 길게 하여 재봉한다. 되돌아박기를 하지 않고 실을 길게 남긴다. 다리미판에 한쪽을 시침핀으로 고정하고, 완성치수 표시에 시침핀을 꽂아둔다.

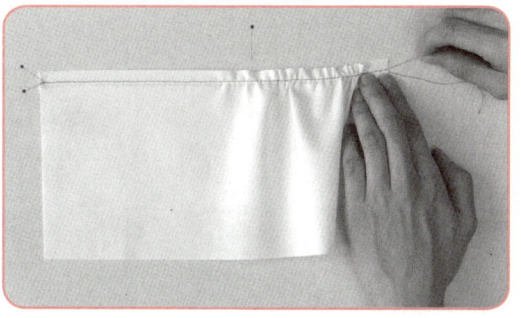

2 윗실이나 밑실의 어느 한쪽을 잡아당겨서 개더를 잡는다.

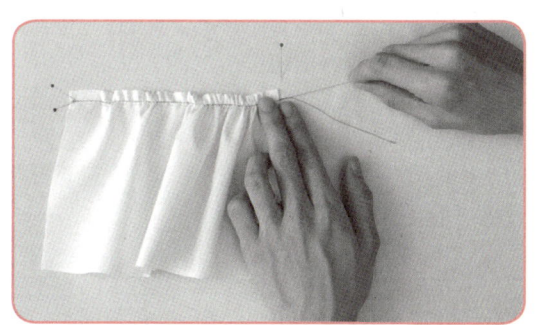

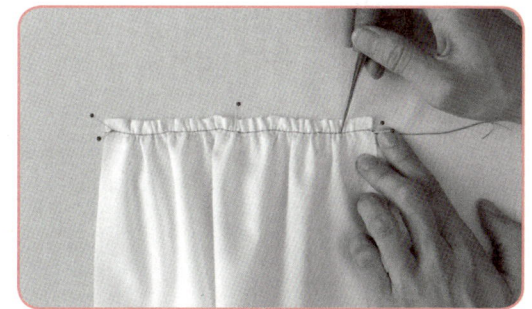

3 송곳을 사용해서 개더를 균등하게 정돈한다.

4 개더를 잡은 시접 부분을 다리미로 눌러준다.

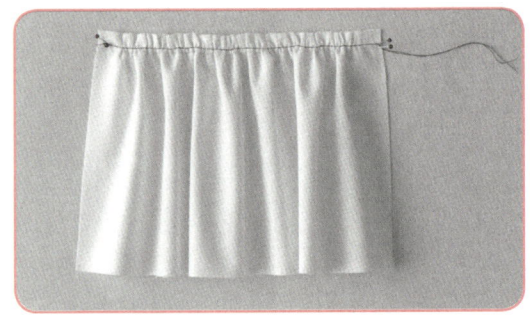

이렇게 하면 개더가 움직이지 않기 때문에 재봉하기 쉬워진다.

개더와 직선 합봉하기

> Point
> 개더를 잡은 원단을 위로 오게 해서 재봉한다.

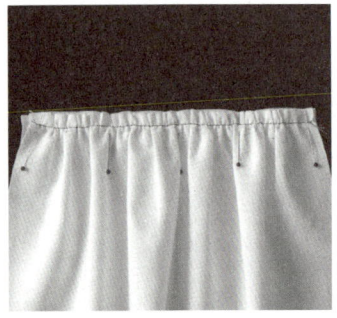

1 완성선을 겉끼리 맞대어 시침핀을 꽂는다.

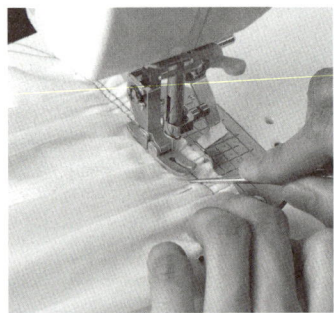

2 머신으로 재봉한다.

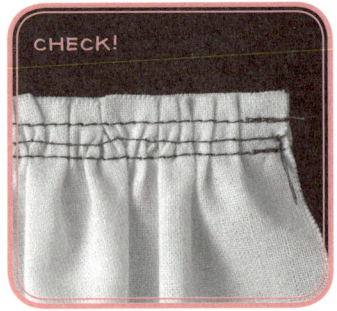

시접 쪽을 한 번 더 박아주면 개더가 더욱 안정된다.

3 바늘땀을 누르는 느낌으로 다리미로 시접을 정돈한다.

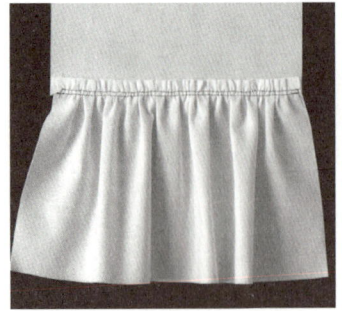

4 개더가 잡히지 않은 쪽으로 시접을 꺾는다. 완성된 모습(안)

완성된 모습(겉)

개더를 모서리나 곡선에 박아 달기

개더를 잡은 프릴 등을 모서리나 곡선에 박아서 달아줄 경우, 개더 단의 바깥둘레 치수가 부족하지 않도록 한다. 프릴의 폭이 바뀌면 바깥둘레 치수도 바뀌게 되므로 주의한다.

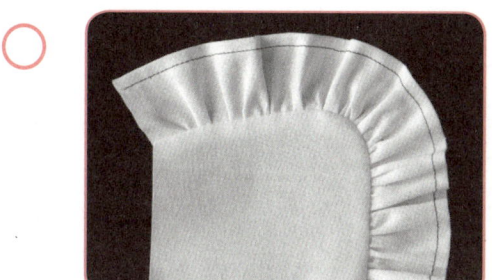
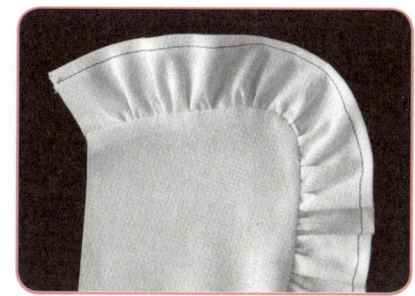

모서리나 곡선 부분은 바깥둘레 치수가 부족하지 않도록 직선 부분보다도 개더 치수를 크게 한다.

모서리나 곡선 부분의 개더가 부족한 상태

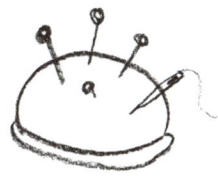

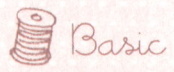
지퍼 달기

지퍼를 사용해서 트임을 만든다. 용도에 따라 지퍼의 종류가 다르다.
지퍼테이프는 열에 약한 타입도 있으므로 고온의 다리미로 직접 다리지 않도록 한다.

콘실지퍼 달기

겉에 재봉땀을 드러내지 않고 지퍼 트임을 만들 수 있다.
콘실지퍼는 지퍼 치수의 2~3cm 앞까지만 박기 때문에 달아줄 위치의 트임 끝부분까지의 치수 설정에 주의한다.

> **Point**
> 콘실지퍼 노루발을 사용한다.
> 머신 부속품에 들어있는 파이핑 노루발로도 달 수 있지만, 콘실지퍼 노루발을 사용하면 더욱 편리하다.

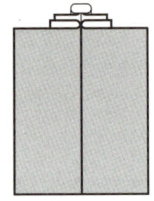
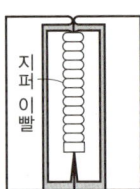

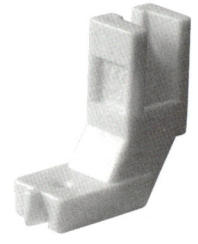

콘실지퍼 노루발
콘실지퍼를 달 때 사용하는 전용 노루발로, 지퍼 이빨을 세울 수 있게 해주는 이랑이 있다.

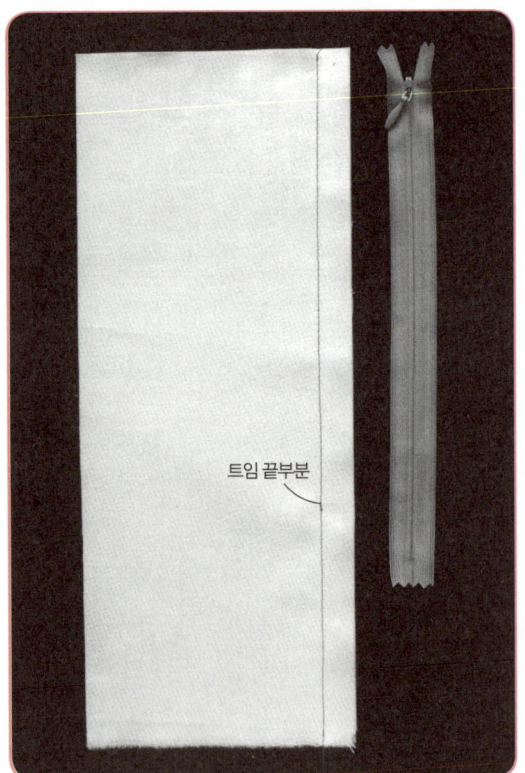

트임 끝부분

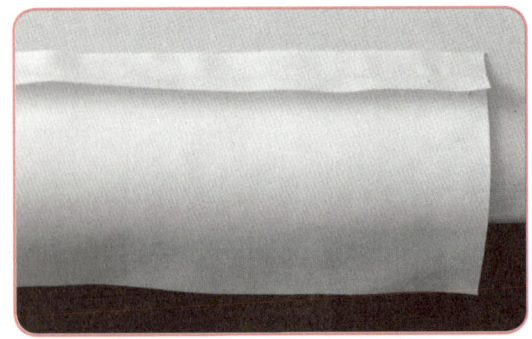

1 트임 끝부분까지의 지퍼가 달릴 부분은 바늘땀 길이를 길게 해서 재봉하고, 트임 끝부분부터 아래쪽은 되돌아박기를 해서 일반적인 방법으로 재봉한다.

2 시접을 가른다.

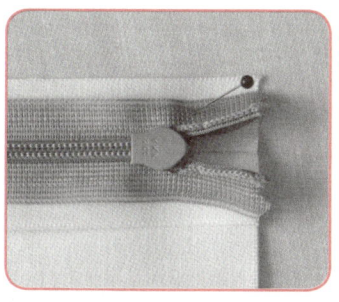
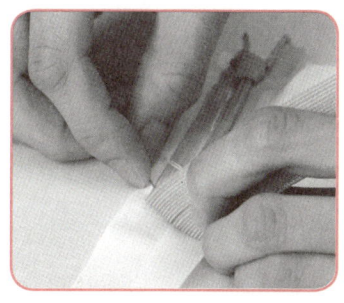
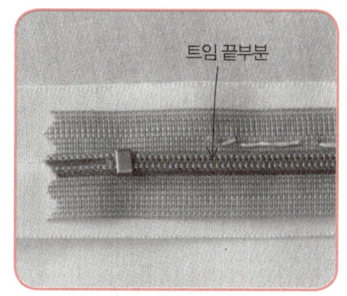

3 바늘땀 길이를 길게 해서 재봉한 부분의 재봉선에 지퍼 중심을 맞춘다.

중심이 잘 맞았는지를 확인하면서 시접에만 시침질로 고정해준다.

시침질은 되도록 지퍼를 박아서 달아줄 중심 쪽 가까이에 해준다.

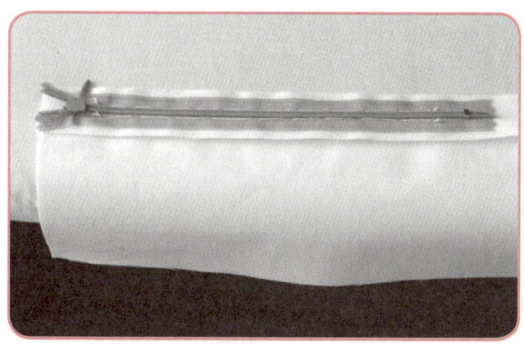
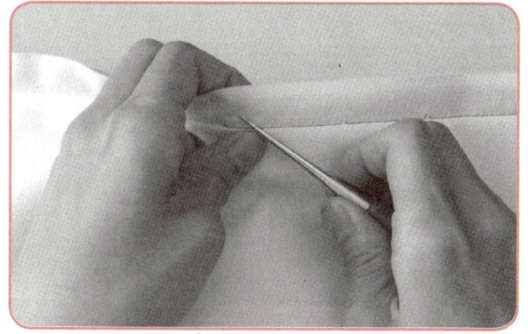

4 다른 쪽도 동일하게 한다.

5 지퍼가 달릴 부분의 바늘땀(바늘땀 길이를 길게 해줬던 재봉 부분)을 뜬다.

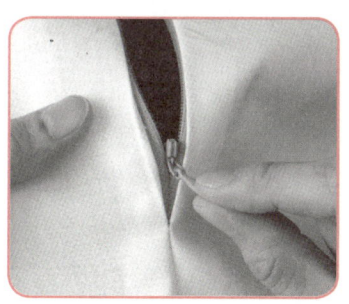
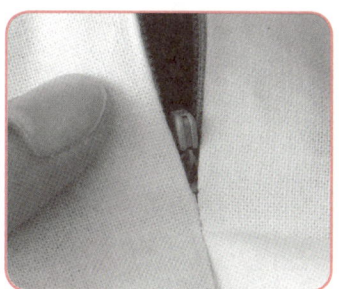
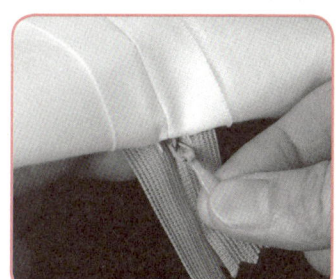

6 슬라이더를 내릴 때는 트임 끝 부분에서 안쪽으로 꺼내어 지퍼 끝까지 내려준다.

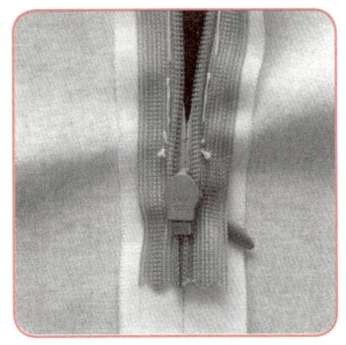

7 트임 끝부분에서 밑으로 더 내려준 모습.

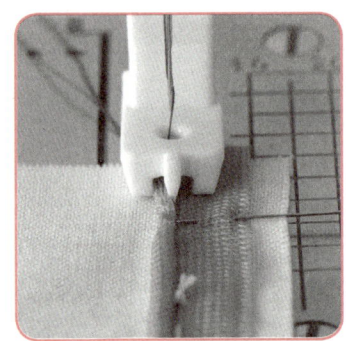

8 콘실지퍼 노루발의 이랑에 지퍼 이빨을 맞추어 재봉해간다.

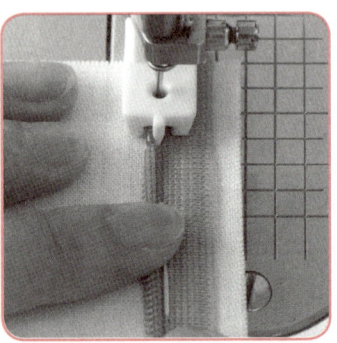

9 손으로 지퍼 이빨을 세워가면서 박아주면 이빨 가까이에 박기가 더욱 수월해진다.

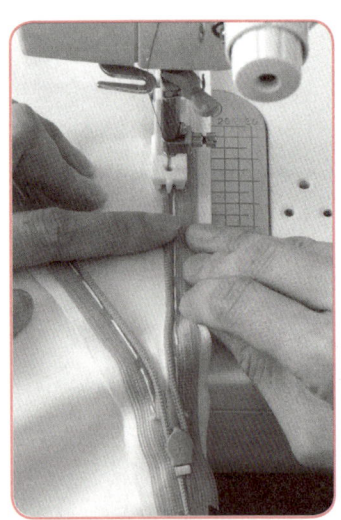

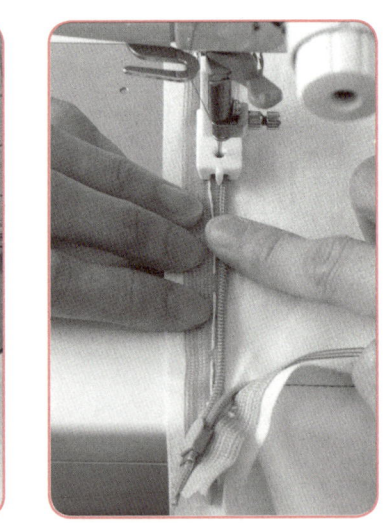

트임 끝부분의 근처는 지퍼 이빨이 쓰러져서 재봉질을 해나가기가 어렵기 때문에, 송곳 끝으로 밀어 넣듯이 잡아준 상태에서 박아주면 재봉하기 쉬워진다.

10 다른 쪽도 동일하게 한다.

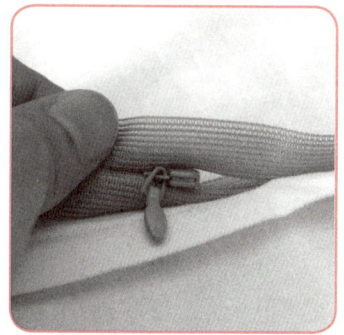 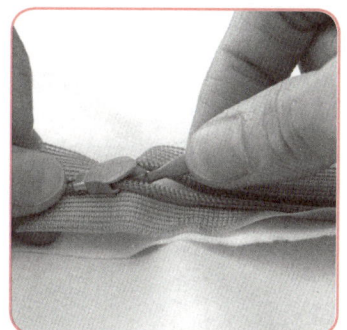 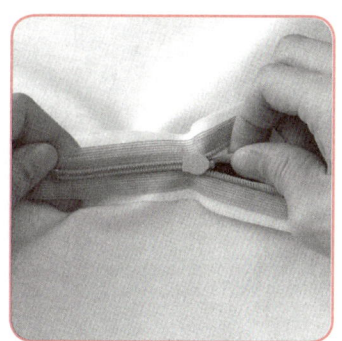

11 슬라이더를 겉으로 꺼낸다.

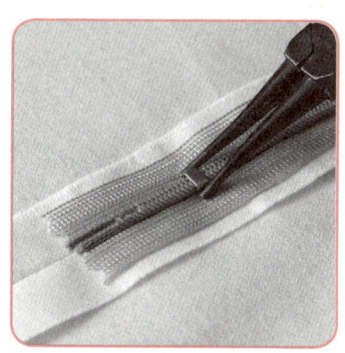 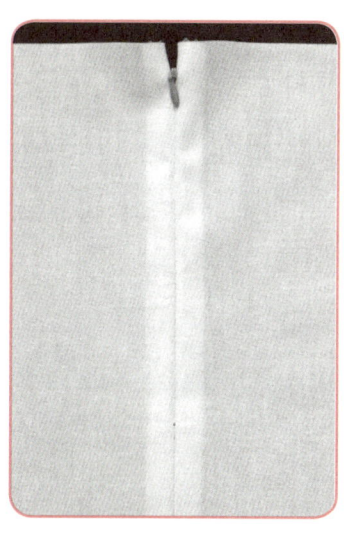 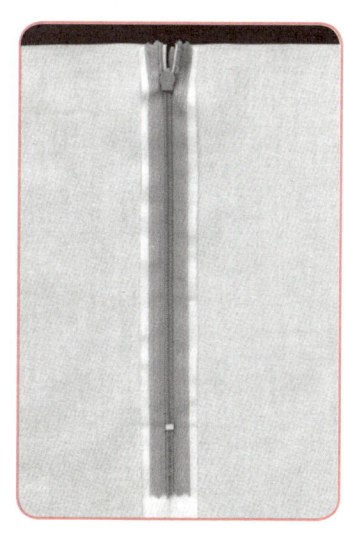

12 지퍼의 막음쇠는 트임 끝부분의 위치까지 이동시켜서 움직이지 않도록 펜치 등으로 조여 둔다.

13 완성된 모습(겉)   완성된 모습(안)

오픈지퍼 달기

지퍼 이빨이 보이게 다는 방법.

Point 지퍼와 원단의 시접 폭을 맞춘다.

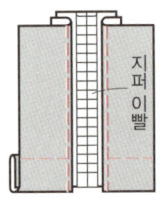 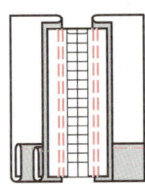

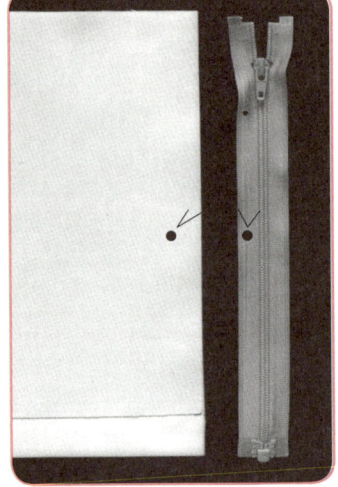

1 지퍼와 원단의 시접 폭(●)을 맞춘다. 원단의 끝자락을 처리해둔다.

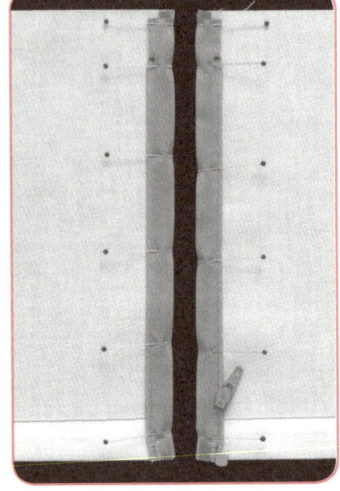

2 원단의 단과 지퍼테이프의 단을 겉끼리 맞대고 시침핀을 꽂는다.

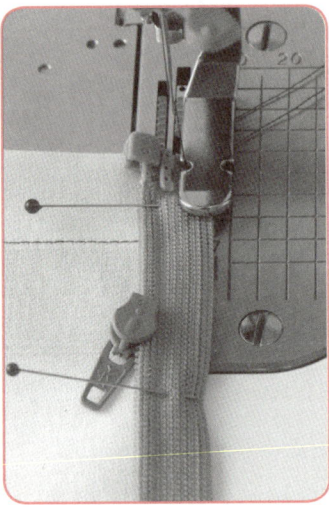

3 머신에 파이핑 노루발을 장착하여 재봉한다.

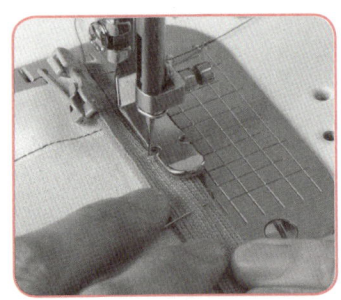

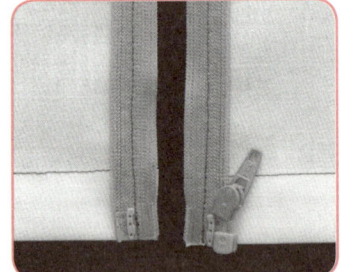

4 다른 쪽도 재봉한다.

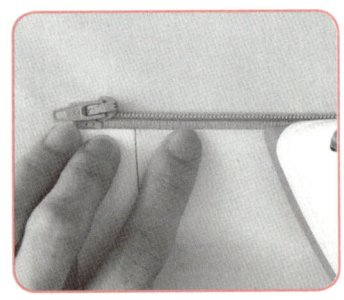

5 재봉선을 따라 시접을 한쪽으로 모아 꺾어서 다리미로 다려준다.

파이핑 노루발
작업하고자 하는 원단의 한쪽만을 누를 수 있는 노루발. 노루발 부분이 좌우로 움직이기 때문에 같은 방향으로 재봉할 수 있다.

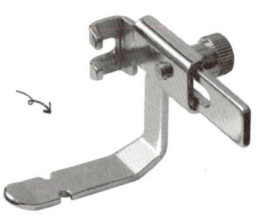

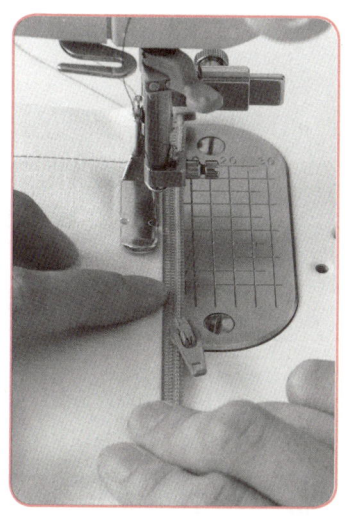 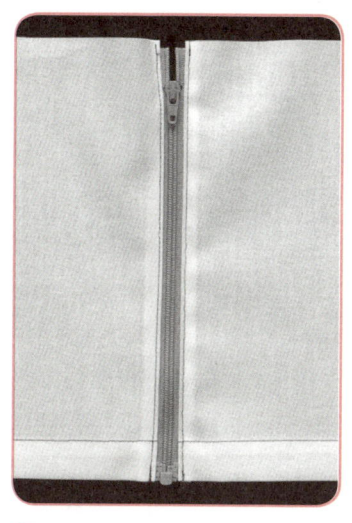 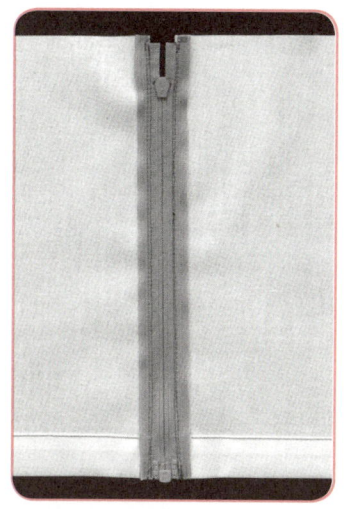

6 겉쪽에서 지퍼 옆 부분의 원단에 스티치를 해서 눌러준다.

7 완성된 모습(겉)

완성된 모습(안)

지퍼 달기

지퍼 이빨을 보이지 않게 하는 일반적인 지퍼 달기 방법.

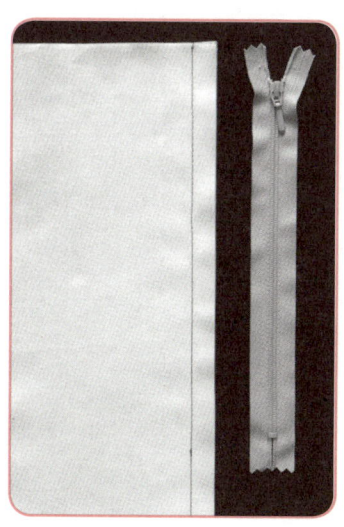 

Point 바늘땀이 긴 박음질을 한 재봉선과 지퍼의 중심이 어긋나지 않도록 시침질을 한다.

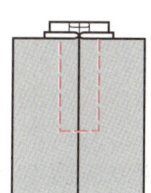 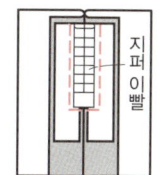

지퍼 이빨

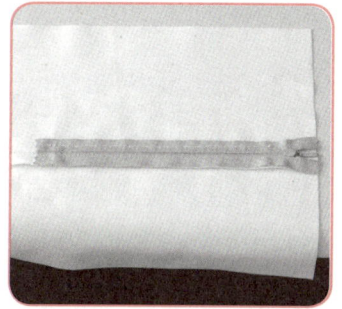

1 트임 끝부분까지의 지퍼가 달릴 부분은 바늘땀 길이를 길게 해서 재봉하고, 트임 끝부분부터 아래쪽은 되돌아박기를 해서 일반적인 방법으로 재봉한다.

2 시접을 가른 다음 재봉선과 지퍼 중심을 맞춘다.

3 지퍼테이프의 양쪽을 바늘로 겉쪽까지 통과시켜서 시침질을 한다.

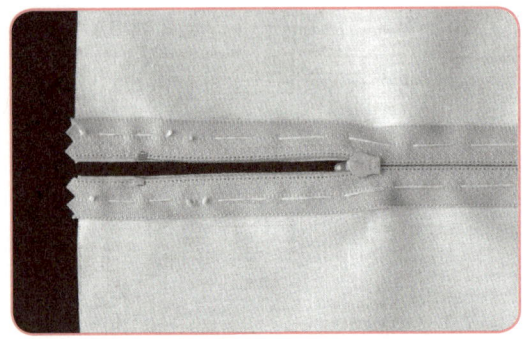
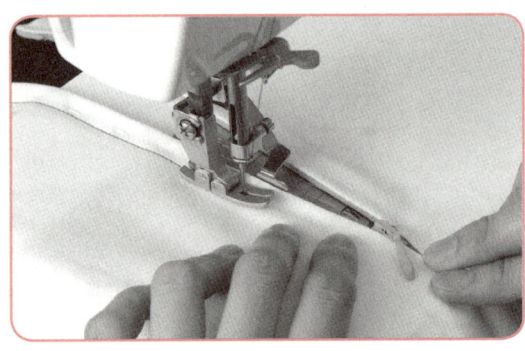

4 바늘땀 길이를 길게 해줬던 재봉선을 뜯는다.

5 지퍼를 열고 겉쪽에서 스티치로 지퍼를 박아 달아간다.

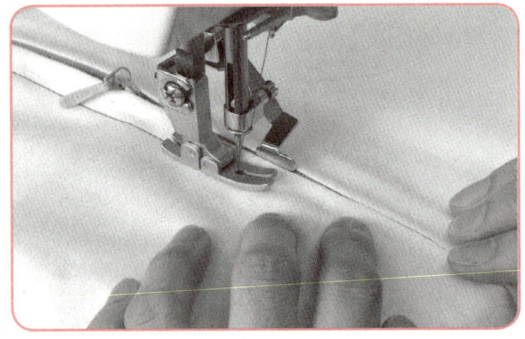
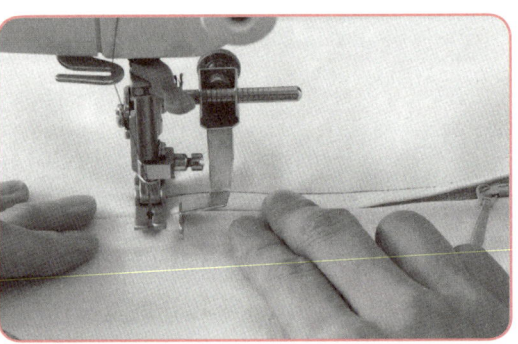

6 슬라이더는 재봉할 때 방해가 되므로 도중에 바늘을 꽂은 상태에서 노루발을 위로 올린 다음, 지퍼를 닫아서 계속 재봉해준다.

7 트임 끝부분의 위치에서 방향을 바꾼 다음, 되돌아박기를 해서 다른 쪽을 같은 방법으로 재봉한다.

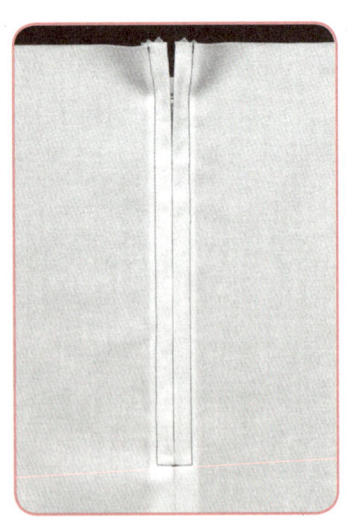
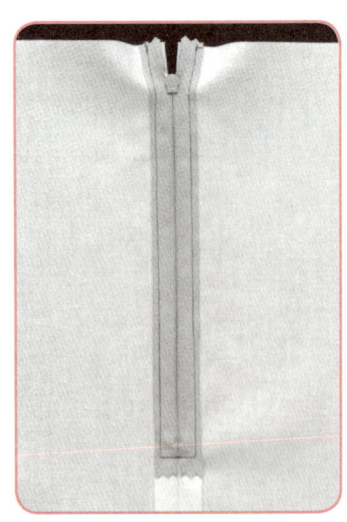

8 완성된 모습(겉)   완성된 모습(안)

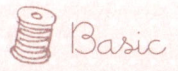

벨트 달기

> Point
> 여밈분이 있는 부분은 재봉법이 다르므로 주의한다.

스커트의 허리 벨트 등 한쪽에 여밈분이 있는 일반적인 벨트 달기 방법.

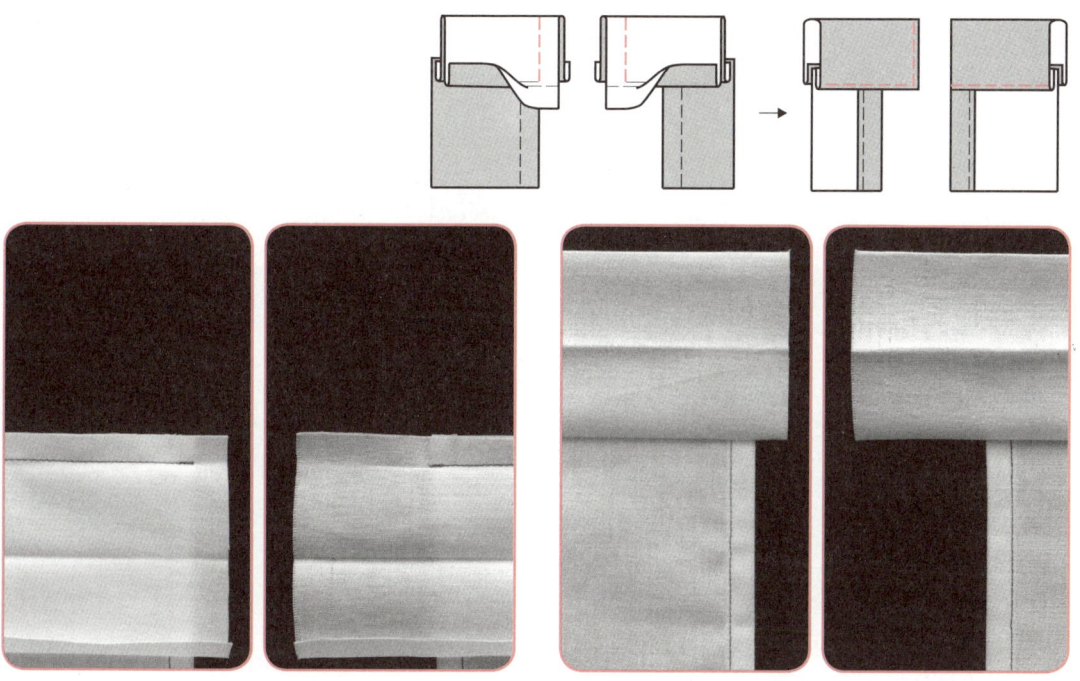

1 안감 쪽 벨트의 단은 완성선에서 0.2cm 시접 쪽으로 접고 벨트감과 원단을 박아준다. 벨트감의 여밈분은 재봉하지 않고 남겨둔다.

2 재봉선을 따라 벨트감 쪽으로 한쪽으로 모아 꺾는다.

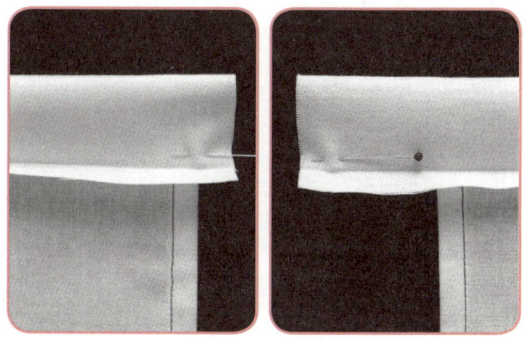

3 벨트감을 겉끼리 맞댄다.

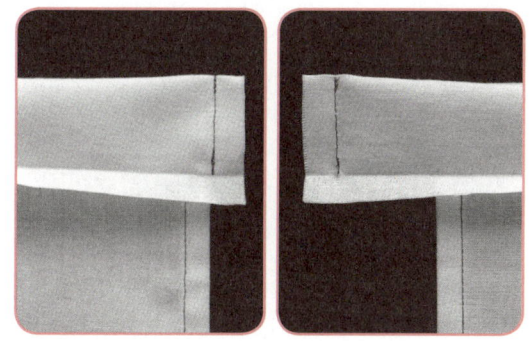

4 벨트감의 옆선을 박는다. 이때 안감 쪽 벨트가 달릴 쪽의 시접은 제외한다. 여밈분이 있는 부분은 겉감 쪽 벨트가 달릴 시접만 접어 올려서 박는다.

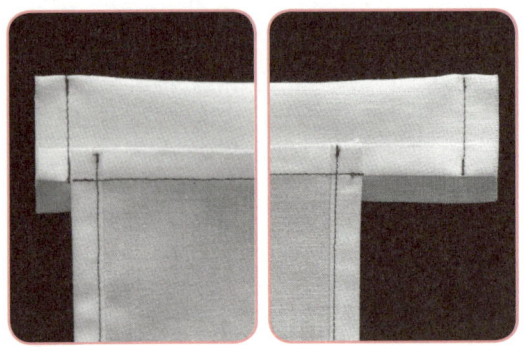

안쪽에서 본 모습

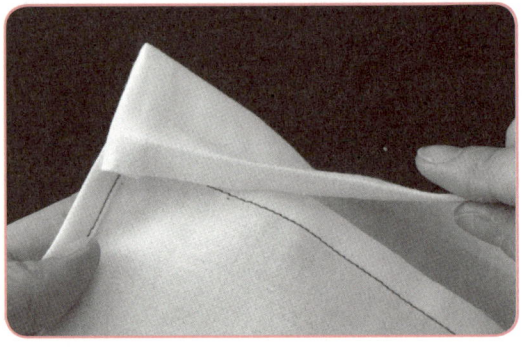

5 56페이지의 '모서리 뒤집기'와 같은 요령으로 겉으로 뒤집어서 모서리를 정돈한 다음, 안감 쪽 벨트의 시접을 안으로 접어 넣는다.

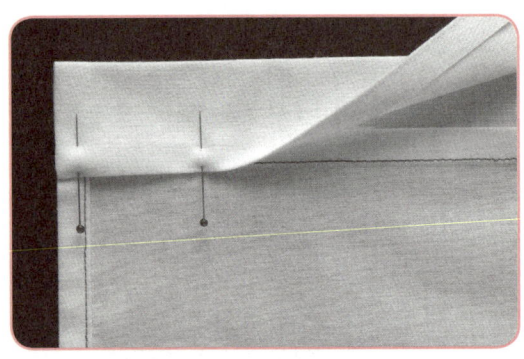

6 안감 쪽 벨트로 재봉선을 0.2cm 정도 덮어준 다음, 시침핀을 꽂는다.

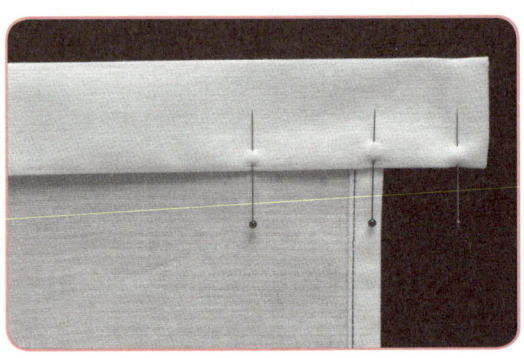

7 여밈분은 접어놓은 부분을 맞춰서 시침핀을 꽂는다.

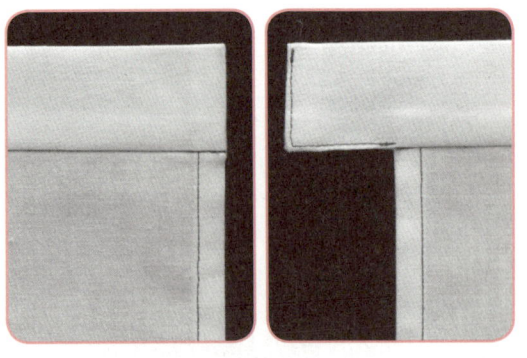

8 겉쪽에서 숨겨박기를 하여 안감 쪽 벨트를 고정해준다. 여밈분이 있는 부분은 가장자리에 스티치를 해준다.

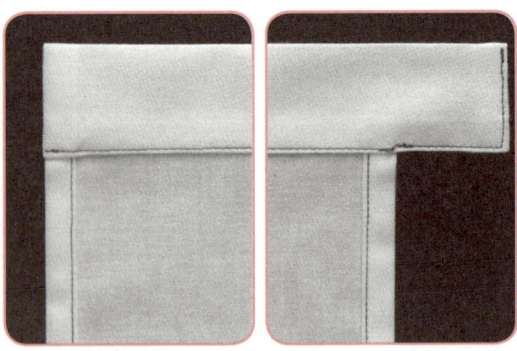

9 완성된 모습(안)

임시고정에 편리한 열접착실

원단과 합봉하기 전에 안감 쪽 벨트감의 시접 겉쪽에 열접착실이 나오도록 바늘땀 길이를 길게 해서 재봉해둔다. 142페이지의 6, 7에서 시침핀을 꽂는 대신 다리미로 접착해서 임시로 고정할 수 있다.

열접착실(FUJIX MELTER)
열에 녹는 열접착실. 윗실이 아니므로 실토리에 감아서 밑실로 사용한다.

원단의 식서를 이용하여 다는 방법

얇고 깔끔하게 완성하고 싶을 때 안감 쪽 벨트의 시접 단에 식서를 사용하여 접어 넣지 않고 만드는 법.

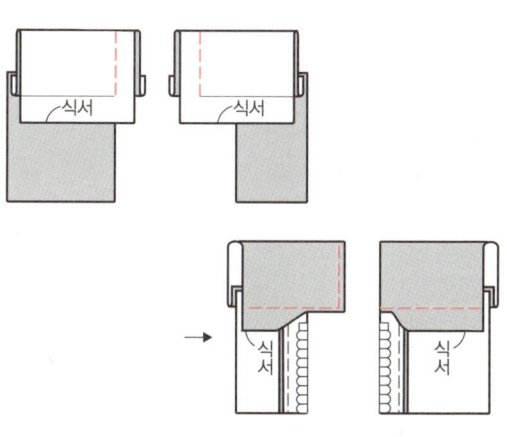

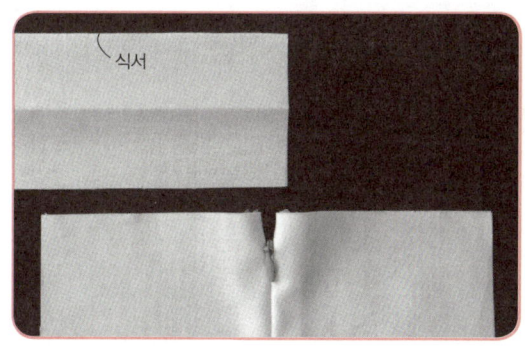

1 안감 쪽 벨트감에 식서를 이용한다.

2 지퍼에 닿는 부분은 시접을 접어 넣고 숨겨박기로 완성한다. 여밈분이 있는 부분도 접어 넣고 스티치를 해준다. 완성된 모습(겉).

3 완성된 모습(안)

끈구멍 만들기

끈을 끼우고 싶은 위치에 따라 끈구멍 만드는 방법이 다르다.
끈구멍은 힘이 실리기 때문에 방법에 상관없이 튼튼하게 만들어야 한다.

원단 가장자리에 만들 경우

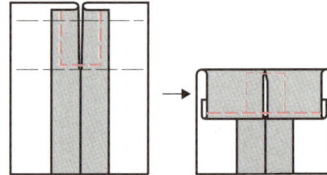
Point 끈구멍 주변을 스티치로 고정한다.

재봉선을 이용해서 시접을 가를 경우

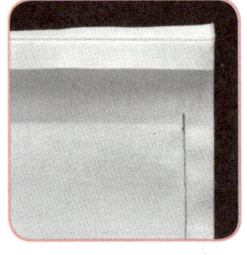 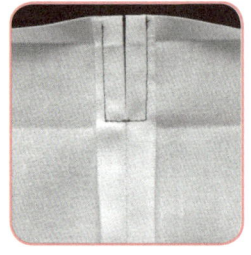 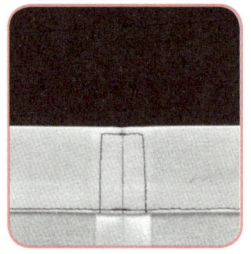 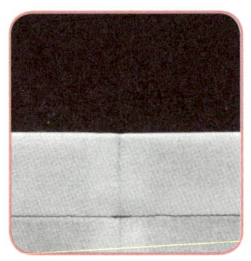

1. 끈구멍이 될 부분을 두 번 접어 다려둔 다음(p.102 참조), 끈구멍 위치까지 박아준다.
2. 시접을 가르고, 끈구멍 주변을 스티치로 고정한다.
3. 다시 두 번 접기를 해서 접은 단 부분의 끝을 스티치로 고정한다. 완성된 모습(안)

완성된 모습(겉)

재봉선을 이용해서 시접을 한쪽으로 모아 꺾을 경우

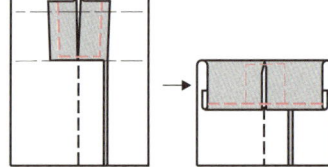
Point 완성선 위치의 시접에 가위집을 넣고 갈라준다.

 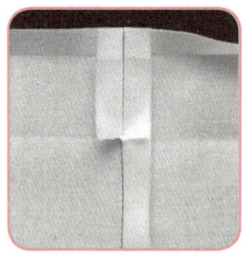 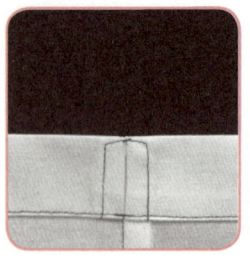 

1. 위의 1과 같은 방법으로 박은 다음, 완성선 위치의 시접 한 장에만 가위집을 넣는다.
2. 시접은 한 쪽으로 모아 꺾고, 끈구멍의 시접을 갈라서 주변을 스티치로 고정한다.
3. 다시 두 번 접기를 해서 접은 단 부분의 끝을 스티치로 고정한다. 완성된 모습(안)

완성된 모습(겉)

단춧구멍으로 만들 경우

Point
안쪽에 접착심을 붙여서 보강한다.

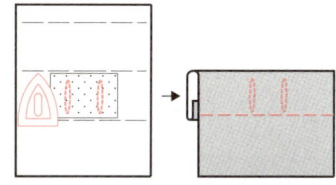

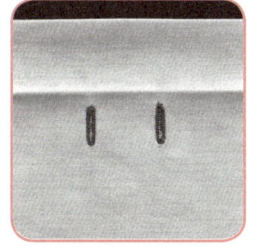

1. 단춧구멍을 내줄 위치의 안쪽에 접착심을 붙여 준다.

2. 단춧구멍을 낸다.

3. 두 번 접기를 하고 스티치로 고정한다. 완성된 모습(안)

완성된 모습(겉)

원단 안쪽에 만들 경우

끈을 끼우기 위한 덧단을 박아준다.

Point
덧단은 바이어스 테이프나 면테이프를 사용해도 된다.

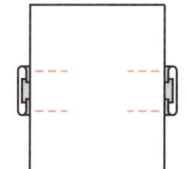
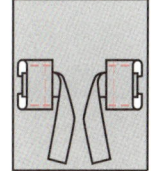

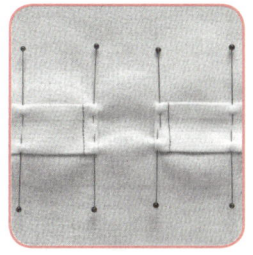
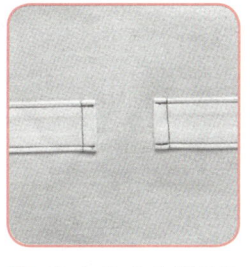
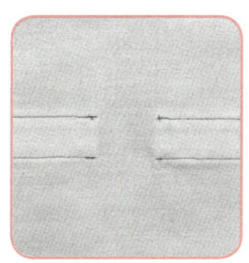

1. 끈구멍을 접고 스티치를 한다. 같은 원단을 덧단으로 사용할 경우에는 양끝을 접어둔다.

2. 끈을 끼우고 싶은 부분에 덧단을 올려놓고 시침핀을 꽂는다

3. 끈이 들어갈 부분을 남기고 주위를 스티치로 고정한다. 완성된 모습 (겉)

완성된 모습((안)

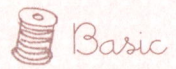
끈 만들기

긴 끈은 박아서 뒤집기가 어렵기 때문에 접어서 만들어준다.

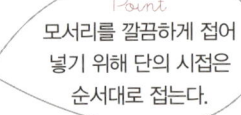
Point 모서리를 깔끔하게 접어 넣기 위해 단의 시접은 순서대로 접는다.

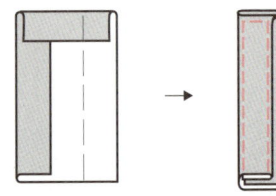

원단 한 장으로 폭이 좁은 끈 만들기

1 완성될 끈 폭의 4배의 폭으로 원단을 재단한다.

2 안끼리 맞댄 다음 재단선을 맞추어 반으로 접는다.

3 원단을 펼쳐서 접혔던 부분까지 다시 반으로 접는다.

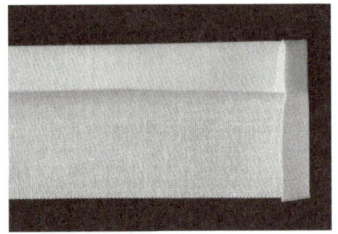
4 다른 한쪽을 반으로 접기 전에 모서리가 될 재단선을 1cm 접는다.

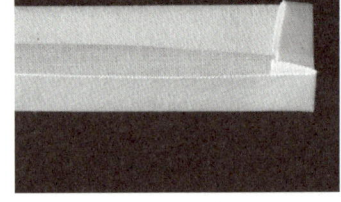
5 다른 한쪽을 접혔던 부분까지 반으로 접는다.

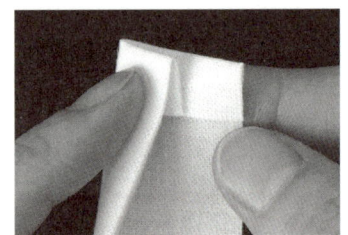
6 마지막에 접었던 시접의 단을 모서리의 시접에 접어 넣는다.

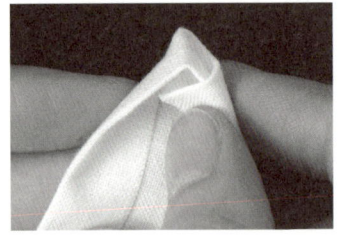

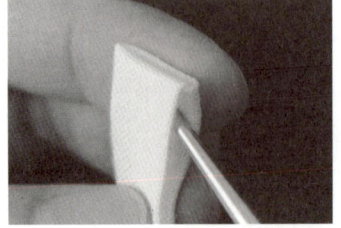
7 송곳을 사용해서 안쪽까지 제대로 접어 넣는다.

8 접은 부분을 제대로 맞춘 다음 스티치를 해서 고정한다.

원단 두 장으로 폭 넓은 끈 만들기

Point 한쪽을 합봉한 다음, 남아 있는 주위의 시접은 완성선을 따라 접어 스티치로 고정한다.

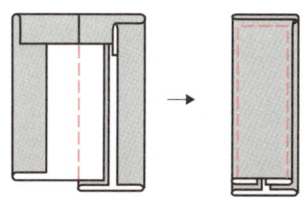

1 원단 두 장을 겉끼리 맞대어 한쪽을 합봉한 다음, 재봉선에 맞춰서 한쪽으로 모아 꺾어주고 다리미로 눌러준다.

2 재봉선을 따라 양쪽을 똑같이 맞춰서(p.54 참조) 접는다.

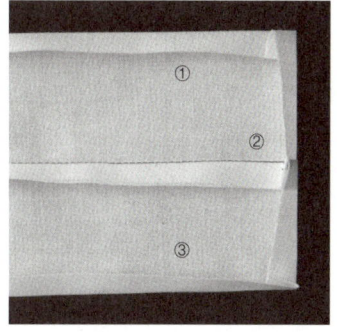

3 원단을 펼쳐서 번호 순서로 시접을 1cm씩 접어준다.

4 다시 안끼리 맞대어 접은 다음 모서리의 시접을 접어 넣는다(p.146 참조).

5 주위를 스티치로 고정한다 (p.146 참조).

Japanese Staff
발행자 Sunao Onuma
북디자인 Tomoko Okayama
촬영 Takeshi Fujimoto
교열 Masako Mukai
편집 Nobuko Hirayama(BUNKA PUBLISHING BUREAU)

쉽게 배우는 재봉틀

초판 1쇄 발행 2011년 9월 10일
초판 13쇄 발행 2024년 8월 1일

지은이 미즈노 요시코
옮긴이 김수연
펴낸이 김영조
편집 김시연 | **디자인** 정지연 | **마케팅** 김민수, 조애리 | **제작** 김경묵 | **경영지원** 정은진
외주디자인 ALL design group
펴낸곳 싸이프레스 | **주소** 서울시 마포구 양화로7길 44, 3층
전화 (02)335-0385 | **팩스** (02)335-0397
이메일 cypressbook1@naver.com | **홈페이지** www.cypressbook.co.kr
블로그 blog.naver.com/cypressbook1 | **포스트** post.naver.com/cypressbook1
인스타그램 싸이프레스 @cypress_book | **싸이클** @cycle_book
출판등록 2009년 11월 3일 제2010-000105호

ISBN 978-89-97125-01-2   13630

- 이 책은 저작권법에 따라 보호를 받는 저작물이므로 무단 전재 및 무단 복제를 금합니다.
- 책값은 뒤표지에 있습니다.
- 파본은 구입하신 곳에서 교환해 드립니다.
- 싸이프레스는 여러분의 소중한 원고를 기다립니다.